大展好書　好書大展

品嘗好書　冠群可期

大展好書　好書大展
品嘗好書　冠群可期

鑑往知來 1

陳羲 主編

『三國志』給現代人的啟示

大展出版社有限公司

前言

在二十一世紀來臨的今天，我們所面臨的，是一個急遽變化的時代。世界固然如此，就是我們的國家、商場、家庭和一般人的日常生活，也莫不隨著而有了很大的改變，因為這樣，更導致人們價值觀的不同，這些改變來得如此迅速而劇烈，所以在人與人相處的人際關係上，造成了難以調適的困難。

對這樣的情形，我們該採取什麼因應措施，才能使自己能有個圓通、順利的人生呢？我們以為古籍將能為我們提供許多資訊和答案。

所謂「鑑往知來」，即明識往事，可以推知未來。例如，我們閱讀史書，多識古事，可以鑑往知來，有助於做人、做事，甚至為政治國。

在古籍裡，無論歷史著作、文學作品、哲學思想、處世訓誡，或兵法，都是經過激烈的政治環境的變化過程而完成的，因此，書中的人物透過作者的文筆，呈現出來的思想，是很可以作為我們參考的。何況，這些古籍都經過悠久歷史的考驗，而被流傳下來，自然最能為我們提供適應生存與變化的學問。

另外，古籍作品的可貴在於，在這些著作裡，它雖然表現出彈性的風貌，以期能適應中國長期以來政治變化多且大的環境，但是，在這些著作的精神裡層，每一部不同的書籍，都還保持著它們自己的主觀性的個性。

對現代的人們而言，我們所要探討的主題之一，是有關於心的問題。
……被周圍物質環境所包圍的空虛的心。
……很難再以合理的方式去抓住人們的心。
生活在今天的社會，雖然物質生活不虞匱乏，但是，許多人多多少少曾遭遇過有關心靈的問題。而在這一方面，古籍是能有所幫助的。因為，時代、社會制度雖然在改變，然而人的心靈卻終究是不大有變化的，而古籍卻能幫助我們透徹的了解到心的深處。

這就是為什麼在醫藥如此發達的現代，而中國醫藥的方法仍被世人重視的原因。中國的醫藥重於改變體質，可以使現代醫學難以治療的慢性病痊癒。我們以為，古籍也能將現代人有病的心，予以治癒。

這套叢書就是以這樣的觀點，將歷史、思想、文學等古典作品集合起來，希望給現代社會帶來一些貢獻。

古籍相當繁多，我們擇取與現代社會有關的作品，並從此作品中選出意義較深的名言，加以解釋和說明，這也可以說是抽取精義的一種作法。

經歷了數百年，甚至數千年考驗的先人的遺產，若對今日社會人心的智慧有所啟發。或以之作為人生的指南針，為人們帶來些心靈的安靜，或對諸位有任何幫助，這是本叢書出版者最高興和光榮的事。

編著群

目錄

解題

兩種『三國志』——史書和小說

漢朝始於紀元前二〇六年、亡於二世紀末，前後約四百年。而『三國志』所描寫的時代，則是二世紀末到三世紀後期，亦即至晉朝接續魏朝短短不到一百年的時期，這段時間政治動盪不安，對社會風氣的影響很大。

『三國志』究竟是史書或小說？迄今無人可以確定。

史書的『三國志』是晉朝史學家陳壽（二三二—二九七年）所作的，它是繼『史記』、『漢書』、『後漢書』後，又一本紀事本正史，將三國史分為『魏書』、『蜀書』和『吳書』，並以紀傳體方式記載各國君主及臣下的事蹟。所謂「紀」是指皇帝的一代紀，在三國中只有『魏書』有「紀」；而『蜀書』、『吳書』是記臣子的事蹟，我們稱為「傳」。由此可知：陳壽著述的『三國志』是以魏為正統的。

陳壽曾任官於晉，而因晉朝在魏朝之後，所以，三國裡就把魏朝視為正統的王朝。又因把魏朝視為正統，所以，曹操的傳記，就稱為「武帝紀」，而西蜀劉備傳記稱為「先主傳」、東吳孫權的傳記，則稱為「孫權傳」。雖然，劉備、孫權在書中是臣下的身份，但內容上並不因而偏重於魏朝，仍以客觀公正的觀點來記述三國。

陳壽的文章，有「奇文」之稱。但因太過於簡潔，所以一些小插曲常被省略，這是『三國志』的優點也是缺點。為了彌補此缺憾，南北朝裴松之（三七二－四五一年）搜集了各種資料、傳說，列記下來加以註釋，其中也有以「蜀」、「吳」為主體來描述的，如此使得『三國志』一書更加精采。現在市面上所看到的『三國志』版本，就是裴松之所作。

元末明初羅貫中撰的『三國志通俗演義』，簡稱『三國演義』、『三國志演義』。它是根據正史的『三國志』穿插生動的虛構故事而成的，屬於歷史小說，更能符合一般大眾的口味。然而也有人說，『三國演義』並非羅貫中一人所創作，其作者還包括當時很受歡迎的說書人。

羅貫中的『三國演義』和陳壽的『三國志』不同處為：正史的記述以魏為正統；小說則以蜀為正統。另外，就曹操、劉備而言，究竟誰屬於「善人」？誰屬於「惡人」？兩家也各有其看法。現在我們姑且不管正統的說法為何，僅就實際情況來說，把人簡單地以二分法分為「善」、「惡」兩類是不當的。

一般人認為：『三國志演義』七分屬實、三分為虛。而其虛構內容以諸葛亮的事蹟最多，就因為如此，「諸葛亮的足智多謀反而成為狡猾多詐了」。這正是欲褒之適足以貶之的例證。

故事若富趣味性，則較易吸引讀者，就這點來看，小說確實佔了優勢；但是，若要從書裡得到較大的啟發，則正史可能使你獲益較多。

本書是以正史『三國志』為中心，並從前、後代史書『後漢書』及『晉書』裡引用有關人物的話語構成的。

主要人物介紹：

『三國志』所出現的人物超過千人，本來應把他們的經歷和性格就正史和小說之不同，加以比較，但因為本書一頁只寫一項，篇幅有限，無法盡善盡美。故喜愛小小說的讀者，可能會發現本書所載的人物和自己所看的有所出入，而感到不解。以下就『三國志』中重要的十一人及有趣的插曲作簡單的介紹，並為便於讀者閱讀，特在卷末附上年表。

（魏）

曹操（一五五—二二〇年）

是魏朝的開創者。但卻始終未能踐祚帝位。事實上，曹操一直以「後漢王朝」

的臣下身份自居。讀者因受小說影響，對曹操總存著不良的印象。但是，無論是政治或軍事，他都可說是個奇才。一般人對曹操的評語是：「治世的能臣、亂世的奸雄」。從這點可知：曹操是個頂尖的領導者。以詩人及文學家著稱，並熟讀兵法，曾為古籍『孫子兵法』作註釋。

傳說曹操「身軀短小」，故本書也有提及曹操對自己外貌自卑的敘述。

荀彧（一六三—二一二年）

是曹操的謀臣。出於名門，容貌不凡，自幼即頗負盛名，有「王佐之才」的美譽。原以輔佐袁紹出名，後因洞察袁紹肚量狹小而投靠曹操。曹操曾沾沾自喜地說：「吾得張良（漢高祖劉邦的名參謀）矣。」指的就是荀彧。

官渡之役，荀彧留守許都，輔佐曹操，終於使曹操贏得勝利，所以，曹操成就霸業的最大功臣非荀彧莫屬。晚年，因反對曹操做「國公」而被疏遠，終因憂鬱而死。也有一說：荀彧是飲毒自盡的。

司馬懿（一七九—二五一年）

字仲達。曾任官於曹操以下魏朝四代，奠立晉朝的基礎。小說中，將司馬懿塑造成諸葛亮的敵人，是一位猜忌、無能的將軍，其實，連一代梟雄曹操都不得不稱羨他高人一等的政治手腕呢！例如仲達與諸葛亮對決時，因為預知蜀軍補給短缺及諸葛亮命在旦夕，所以故意採「持久戰」，即是個明證。

司馬懿有「狼顧之相」的稱謂，那是他有個很奇怪的特徵：一般人回頭看時，不僅脖子，連身體都需轉至後方，而仲達卻能不動其身，一百八十度地轉其頸項。

（吳）

孫權（一八二—二五二年）

孫權和曹操、劉備是鼎足而立的，有不凡的才氣。赤壁之戰時與劉備同盟，獲得大勝，但夷陵之戰時，反與魏國結盟共渡國難。在用人方面：人盡其才，對屬下的缺點視而不見；但對表現良好的部屬，一定予以褒獎。孫權的部下有：周瑜、呂蒙、陸遜等一流人才，他之所以有諸多良將，乃因其人擅於用人，並且具有領導者的優越風範。

周瑜（一七五—二一〇年）

東吳的名將，是個美男子，體格壯碩魁梧。和孫權的胞兄孫策是莫逆之交，也是結拜兄弟。兩人各娶喬氏姊妹為妻。孫權十九歲就繼承哥哥的事業，得到周瑜的輔助，對擴大吳國的勢力範圍，周瑜實在功不可沒。西元二〇八年，他以大元帥的身份率兵三萬伐魏，赤壁之戰獲得大勝，粉碎了曹操統一天下的野心。

之後駐屯在荊州，為了攻打曹操和劉備，故先鞏固基地，再訂立戰略之計，但在遠征曹操途中，不幸病倒，享年三十六歲。

呂蒙（一七八－二一九年）

吳國將軍。幼時因為家境貧窮，無法供其讀書，故在吳國中，起初只是一位武將，直到有一天，孫權勸他應努力研究學問，呂蒙才成為文武兼備的名將。魯肅即曾為呂蒙的改變驚嘆地說：「非吳下阿蒙」，真是士別三日，刮目相看。荊州與強敵關羽之役，呂蒙派藉藉無名的陸遜出戰，欲藉此讓關羽生輕敵之意，再由後方突襲，使他陷於孤立無援之境，終獲大勝。敗關羽後不久呂蒙即病倒，孫權曾貼出告示：若能治好呂蒙的病，即可獲千金之賜，雖因呂蒙病重而乏人問津，但可看出孫權對呂蒙倚賴之深。

陸遜（一八三－二四五年）

孫權戰將，對吳國的興隆有重大貢獻。原為一介平民，由於呂蒙的推薦而成為荊州統帥，打敗關羽後，聲名大噪。夷陵之戰更是表現出色，當時其手下各將急於搶功，陸遜為了平息眾將沸騰之心，採半年的持久戰術，不過最主要是等待時機，當敵方身心疲累、軍心渙散時，再一鼓作氣，把蜀漢劉備打得一敗塗地，使之從此一蹶不振。由於此次戰役，使陸遜得到「神將」的美譽。

在荊州和楚國交涉時，孫權頗為信任陸遜，所以授權陸遜保管其官印。任丞相時，由於為後起者所嫉妒，而遭陷害，蒙上不白之冤，終因悲憤而死。

（蜀）

劉備（一六一－二二三年）

字玄德、蜀漢君主。在才能方面，較曹操、孫權弱，因是漢皇室的末裔，故以「重振漢朝」為口號，討伐曹操。

劉備有「賢德之人」的稱號。但後漢末，群雄之一的呂布，則認為劉備是真小人。因為劉備具有吸引人的魅力，所以就算他做了違反信義的事，人們也會因他的吸引力而忽視他的過錯，這是劉備建功的最大武器。據說他身高七呎五吋（約一百八十公分）、手長過膝、耳垂及肩，真是奇貌呀！

關羽（？－二一九年）

蜀猛將。劉備開始舉兵時，關羽就隨其左右，和張飛共侍劉備。有一天，他被曹操所擒，由於對劉備忠心耿耿，曹操雖極力說服其投降，關羽仍不為所動。曹操曾送一匹赤兔馬給關羽，希望以利誘之，但關羽忠貞不二，騎著馬就奔回蜀漢，所以，關羽有「義帝」之稱。劉備入蜀後，關羽任荊州留守，和魏、吳對抗，最後陷入兩國夾攻的困境中。臨沮之戰，和兒子關平同時被吳將馬忠生擒，因不肯屈服，最後被斬殺而亡。

從古至今，只要是文武兼備的名將，都會受到尊敬，關羽也不例外，現今在各地都可看到「關帝廟」，可見關羽受人尊敬的程度。但實際上，他有一個毛病！就是恃才傲物，極難相處。另外，他也以「美髯」著稱。

張飛（？—二二一年）

從年輕時就侍奉劉備，和拜把兄弟關羽同時活躍於蜀國，有段話是這樣讚譽他倆的——關羽、張飛之威猛可抵一萬名士兵。史書記載長阪之戰時，張飛僅率領二十名騎兵就打退曹操大兵，真是勇不可擋。

他頗能尊崇賢者，但對晚輩卻常作無情的批評，劉備常訓誡他不可如此，而張飛不聽勸告，終於在為了替關羽報仇的戰役中，為部下暗殺。當劉備在朝中聽到張飛的部將上奏時，心中即料到：「糟糕，張飛必死無疑」。

張飛粗暴的性格註定了他悲劇的命運，有時劉備做了粗暴的事，常由張飛替他揹黑鍋，最後亦因性情粗暴，而為部下所殺。

諸葛亮（一八一—二三四年）

字孔明，西蜀丞相。『三國志』出現的人物中，屬他知名度最高，也最受大家喜愛。『三國演義』中描寫孔明是運籌帷幄的奇才，可預卜未來，然而實際上他的軍事才能究竟如何，卻不得而知。但就與司馬懿五次對陣，沒有一次成功這一點來看，後人評論可能是「臨機應變不當」所致！孔明是士人出身，而非身經百戰的武將，在政治上的卓越表現，從古至今，他的確是屈指可數的人物之一。

傳說諸葛亮「身高八呎」，是位約一百九十公分高的壯碩男子。

一、亂世之奸雄

子治世之能臣，亂世之奸雄。（『魏書』武帝紀）

在曹操的人物評論中，「亂世之奸雄」這句話是相當有名的。人物評論被稱為「月旦」，或「月旦評」。這是根據三國時一位家喻戶曉的評論大家許子將而來的。他常在月初（月旦）召開人物批評大會，與會者都是當時的名士，對受評的人之將來有決定性的影響。

有一天，曹操親自去拜訪許子將，請他為自己做評，但許子將始終默默不言。曹操強逼他，他拗不過曹操的摧逼，終於開口道：「你在太平時代為有能的丞相，但在亂世卻成為奸雄。」

人們對「奸雄」一詞總是給予較低的評價，但有時並不盡然。因為「治世」、「亂世」是兩個極端相反的時代，而能夠在兩個不同時代中順應它，並一展所長的人，是寥寥無幾的，即使能在治世能受到大家的頌揚，在亂世裡也經常是不知如何自處的。

據說曹操聽了許子將的評論後開懷大笑，大概是正中其心吧！

二、信任部屬

孤與子瑜有死生不易之誓、子瑜之不負孤、猶孤之不負子瑜也。

（『吳書』諸葛瑾傳）

劉備為了替關羽復仇，決定攻吳。此時，吳南郡太守諸葛瑾（字子瑜）寫了封信給劉備，勸他放棄此計畫。信中道：「我了解你急於替關羽報仇的心情，但我認為當務之急，應先討伐魏國」。

諸葛瑾乃西蜀丞相諸葛亮的胞兄，又任東吳丞相之位，所以瑾寫信給劉備，不免使人懷疑。

有人在孫權面前毀謗諸葛瑾，但孫權卻說：「我和子瑜有生死不易之交，子瑜不會負我，就像我不會負他一樣。」

孫權如此信任諸葛瑾，對他人的挑撥當然就聽而不聞了。

東吳人才輩出，臣下個個都能恪盡其職，最大的原因，就是孫權能信任部屬，讓他們充份發揮所長，如此知遇之恩，為人部屬者怎能不誓死相報呢？

三、天下人不能負我

我負人、毋人負我。

（『魏書』武帝紀）

受了小說、戲劇的影響，大部份的人都認為曹操是惡人，而從曹操曾說的：「寧我負人，毋人負我」這句話中，我們亦可知曹操的確冷酷無情。

話說曹操無視董卓的徵召，與數名隨從騎馬逃回故鄉時，順道去拜訪住在成皐的老友呂伯奢。

當天晚上，呂伯奢的家人準備了豐盛的晚晏款待他，在廚房中發出餐具碰撞的聲音，曹操誤以為是殺他的武器。為了自衛，故先下手為強，把呂伯奢一家殺了滅口，事後曹操知此錯誤，卻仍以無所謂的口氣說：「寧我負人，毋人負我。」

這句話的來由，還有另一種說法——

當時主人呂伯奢不在，他的妻兒威脅曹操，想奪取他的馬及行李，曹操迫不得已，只好將他們殺了。

不管何種說法為真，此句話可看出一個對天下存有野心的人的氣概。

四、不做瓜田李下之事

公會相見、退無私面。（『吳書』諸葛瑾傳）

西元二一四年，劉備建立西蜀，形成三國鼎立的局面。孫權要劉備退出荊州，但劉備總是顧左右而言他。孫權一怒之下，發動攻蜀戰爭，劉備也親自應戰，兩軍對峙，有一觸即發之勢。

當兩兵交戰時，曹操進攻漢中，這對劉備是很大的威脅，為保住岌岌可危的蜀國，劉備立刻派人至吳國求和，結果是荊州須一分為二。

出席此次會議的西蜀代表是諸葛亮，東吳代表為諸葛瑾，兩人雖為兄弟，為免他人猜疑，不論會中會後都未曾以兄弟身份相稱。

即使兩人以私人立場見面，劉備、孫權基於對他們的信任，也不會產生懷疑，但，一個團體中總有人喜歡猜忌挑撥之人，故兄弟二人只好形同陌路。

所謂「瓜田李下」即是最佳的形容。

五、有勇無謀非真才也

聰明仁智、雄略之主也。

（『吳書』吳主傳）

劉備率軍替關羽報仇，進攻吳國。孫權因感蜀、魏雙方的壓力，故決定歸附魏國。魏文帝向東吳使者趙咨探聽孫權的為人，趙咨答道：「乃聰明仁智、雄略之主也。」並舉例證明：

「孫權知人善任，故魯肅雖出身卑微，仍重用他，此為『聰』；呂蒙本為一介武夫，孫權使之智勇兼備，此為『明』；釋放魏之虜將于禁，此為『仁』；不用武而取得荊州，此為『智』；在孫權的控制下，『荊州』、『揚州』、『交州』虎視眈眈地窺伺天下，此為『雄』；如今，他向陛下稱臣，此為『略』。」

當臣屬於他國時，不要因勢力的差距而低聲下氣，仍要有不卑不亢的氣概，並能巧妙地對答。孔子說：「使於四方，不負君命，謂之『士』」。

依趙咨的說法，孫權可真是「有勇有謀」的真才了。

六、立志傳說

吾必當乘此羽葆蓋車。

（『蜀書』先主傳）

能握天下大權的，往往在年少就有雄才大略。「羽葆蓋車」就是一例。所謂「羽葆蓋車」就是指：以羽毛裝飾的皇帝坐車，若能登上此車，意即能登上帝位。此話的典故是來自劉備小時候的一段故事。

劉備小時候家裡房子的東南有一棵大桑樹，高度超過五丈，樹葉繁茂，從遠處看，好像富貴人所乘車子的頂蓋，也有人說：「這家以後一定有貴人出現。」

劉備問其叔父，他叔父怒道：「若告予人知，全家將被斬首。」

這件事和以下的情形有異曲同工之妙：項羽看到秦始皇的軍隊巡幸時，曾大聲說：「吾可取而代之。」他的叔父項梁立刻堵住他的嘴。

劉備小時候父親早逝，幫助其母賣草鞋維生，雖然生活在物質匱乏的家庭中，但劉備卻能比別人有更旺盛精力，立志做事，終於有所成。

七、亂世裡亦不改相互之信賴

子龍不棄我走也。（『蜀書』趙雲傳）

歷史中有關君臣相互信賴的例子很多，以下即一例。「子龍」是西蜀勇將趙雲的字。二〇八年時，劉備在當陽的長阪遭到曹操軍隊的追趕，準備捨妻棄子逃走，在此戰中只有趙雲一人留守在亂軍中，有人向劉備進言：「趙雲降於曹操。」劉備將手中長槍擲向進言者，大聲斥道：「你胡說！趙雲是不會背叛我的。」事實上，趙雲非但沒有背叛劉備，而且抱著襁褓中的劉禪（劉備之子），在亂局中尋找主母甘夫人，並保護他們，此事還被人稱道著呢！

『三國志演義』中有一段話是這樣的：當劉備從趙雲手中接回劉禪時——把劉禪丟在地上，並說：「為了你，差點害我失去無可替代的趙雲將軍。」趙雲被主上的隆恩感動得泣不成聲。

在亂世中依然能堅信部下，部下也能知恩圖報，這就是「五倫」中「君臣之義」的真諦。

八、須遵守與部下之約

統武行師、以大信為本。（『蜀書』諸葛亮傳）

諸葛亮為了讓士兵能充分休養，以二與十的比率讓士兵輪流回國，二三一年蜀軍進攻至祁山，和魏軍對峙時，蜀之參謀對諸葛亮的輪休制頗感不安。

「敵人勢力龐大，我們若只憑今日之兵力是很難維持的，最好能將下次輪流回國的士兵，暫緩一個月，以期增強兵力。」參謀如此說道。諸葛亮道：「身為統帥的我，基本上需信守與部下之約定。」

因此，仍然命令輪休之士兵全體回國。

「下次的輪休者已準備好了，他們都等待輪休之日的來臨，家鄉的妻兒也都對他們望眼欲穿。雖然現在處於危急存亡之際，但約定還是必須遵守的。」諸葛亮堅定地說道。

以現今的社會來說，一些被派到國外考察的職員，其上司總是任意要求他們延長期限，而這些員工說不定正背負著對子女的教育及對父母的扶養重責呢！

九、七擒七縱

七縱七擒。（『蜀書』諸葛亮傳）

在西蜀南方常常有反賊流竄，為了平定異族的侵襲，諸葛亮只好親自南征。他曾七次捉到叛亂的首領孟獲，又都笑而將之釋放。在第七次的擒拿中，孟獲終於決定永不再犯。

諸葛亮每次平定一處，就將該處之統治權完全委託給當地的領導者，這種作法曾引起其他人擔心叛軍再次來攻，故有不少人勸他。諸葛亮答道：「若由中央派遣人員到地方，必須是非常之士才能鎮守，否則當地之百姓必定不服。為了能平定南方，使其地方和諧，不生事端，故只好採此策略。」

因此，諸葛亮能不用一兵一卒就將叛軍降服。

我們姑且不論「七擒七縱」是好是壞，但諸葛亮由於採此策略，而令對方百分之百折服，則是無庸置疑的。由此可知，一件事情的最佳解決之道，並非以力脅迫之，而是以最恰當、最自然的態度去應付，不僅軍事上如此，政治、經濟上，我們都應效法諸葛亮得當的策略應用才是。

十、恭維以正中下懷為最

猶未及髯之絕倫逸群也。

（『蜀書』關羽傳）

關羽因有滿臉的髯虬，所以，諸葛亮就稱他為「髯」。

劉備將荊州的攻守任務託付給關羽，讓他向西進攻，在包圍成都時，有一位叫馬超的人，加入了劉備的陣營，他的勇猛精神，很令眾人刮目相看。

由於關羽與馬超素不相識，所以，他一聽到這些傳聞，就立刻寫信給諸葛亮，問道：「此人究竟是何方神聖？」諸葛亮回答道：「馬超文武兼備，是勇壯優秀之士；而張飛善與人格鬥，只有髯你獨具一格，是馬與張所不及的。」

一個有作為的大丈夫，通常自尊自重，但也有他讓人難以接近之處，關羽即屬於此類人。諸葛亮因為對關羽的性格瞭若指掌，還誇他「絕倫逸群」，主要是想抓住關羽的心。關羽一接到此信，高興之狀猶如稚童。

然而若奉承阿諛得太露骨了，則人必厭之；能正中下懷，則其效必彰。

十一、選中等品之后

取其上者爲貪、取其下者爲僞、故取其中者。（『魏書』卞皇后傳）

曹操的正夫人叫卞皇后，出身娼妓，但卻質樸無華、不慕榮利，所以在「卞皇后傳」中，曾如此記載，「持儉操家，不喜奢靡浮華，有刺繡之物不穿，有珠玉之器不戴，食具皆為黑漆製品。」曹操曾拿出好幾對極美的耳飾請皇后挑選，但皇后卻選中等品，曹操問她原因。

卞皇后答道：「選擇上等之物，慾望將無窮；若選擇下等之物，則又非常人能及，故我選擇中等之物。」對於親朋，她也從不給予特別之對待，常道：「蒙主上之恩，我不想浪費一絲一毫。」

由於皇后的持儉，凡事以身作則，才受到曹操的寵愛。據說曹操也有此性格，或許是皇后能投其所好，才榮登后座的吧！從皇后的為人處世，我們更可發現，她實在比曹操更適合從政。

十二、採彈性的因應之策

求掎角之援也。（『蜀書』諸葛亮傳）

所謂「掎角」就是分兵以牽制敵人。當你在抓鹿時，是壓住鹿的角及後腳，而抓其後腳為「掎」，抓其角為「角」。

西元二二九年，孫權登上吳國之帝位，對於蜀以漢王朝的正統自居，吳帝卻不予承認，於是蜀之群臣紛紛主張與吳斷交。

此時，諸葛亮力排眾議，他說道：「我國與吳國必須聯合以挾擊魏國，若兩國不相結盟，則非但眾事難以獨成，且讓魏有機可乘，故眾臣之計決非良策，我們不應以此為孫權定罪。」故蜀派使者至吳為孫權的即位表示祝賀之意。

雖然目前呈現三國鼎立之情況，但情勢上卻是一強二弱，若能盱衡時勢，聯二弱攻一強，乃為吾之存立之道。

諸葛亮對執迷於大漢名份的行為，頗覺迂腐，故常勸群臣因應時勢，採彈性外交的政策。在我們現在的社會情形來說，能對現狀有所了解，是極重要的，如果沒有自己的立場，只是做假中立之名的牆頭草，決不是明智之舉。

十三、攻心為上

用兵之道，攻心爲上，攻城爲下，心戰爲上，兵戰爲下。

（『蜀書』馬謖傳）

諸葛亮在出征平南方的叛軍時，曾向來送行的參謀馬謖問道：「南方距離都城非常遠，且有天險以為屏障，即使此次的討伐能僥倖地將其鎮壓，但恐怕很快又會叛變。如今丞相當務之急，當是向北討伐逆賊（魏國），但我們若就此而全力對付魏國，則都城必定勢單力薄，南方可能會很快地起而反叛，若不避免此點，則連子女也會被殺。但是說雖容易，行之則難，能以仁者之道使其降服歸順才是良策。」

簡言之，即「用兵之道，攻心為上，攻城為下，心戰為上，兵戰為下」。

這趟遠征之行，諸葛亮採「七擒七縱」「攻心為上」之策，其忍耐力之強，非等閒之輩所能為之。

十四、領導者應堅守原則

致巾幗・婦人之飾。（『魏書』明帝紀）

「巾幗」是女性之髮飾，若作為禮物贈與女子，則對方必然喜而受之；若男子被贈與，則必坐立不安，因為這表示對男子氣概之侮辱。

西元二三四年，諸葛亮進駐五丈原地，當時司馬懿欲採持久戰略，但這對遠征軍極為不利，因此諸葛亮希望能速戰速決，即刻致挑戰書予司馬懿，然懿始終不為所動。

於是諸葛亮想出了一個計策。有一天，派人送上婦女用的髮飾及裝飾物予司馬懿，他想，司馬懿接到此物，必定無法忍受，而在盛怒之下接受了諸葛亮的挑戰。這即是諸葛亮想激怒司馬懿所使用的計謀。

但司馬懿老謀深算，亦非等閒之輩，他認為「此非大丈夫之志氣也」。所以他仍堅持採持久戰，戰局頓成膠著狀態。諸葛亮就此病倒，蜀軍亦不得不撤退。

由此，我們可以深知，易因對方之挑釁而動其心者，將失去其領導者的資格。

十五、後任者的困惑

苟其不如、則事不當理。事不當理、則憒憒矣。（『蜀書』蔣琬傳）

我們說「長江後浪推前浪」，又說「青出於藍而勝於藍」，這似乎象徵著生生不息、薪火相傳。但後起之秀雖有旺盛的鬥志，而資深者總也有他屹立不搖、爐火純青的歷練，其貢獻，當然非泛泛之輩所能超越。

諸葛亮死後，其後任者為蔣琬，當時負責農林方面的官吏叫楊敏，他曾對蔣琬批評道：「蔣琬優柔寡斷的作風，與諸葛亮真有天壤之別。」周圍的侍衛一聽，馬上將楊敏捉起來，但蔣琬卻說：「他說得沒錯，我確實有愧於諸葛孔明，故無需追究。」接著慨嘆道：「苟其不如，則事不當理。事不當理，則憒憒矣。」

因為蔣琬的處事態度很草率，毫不果斷，所以，人們常拿他和別人相比，甚至常以極卓越的人與其比較，故他行事上總很難順利，為人當然也就常遭譏評了。

十六、死諸葛騙走生仲達

（『蜀書』諸葛亮傳）

死諸葛走生仲達。

諸葛亮和司馬懿在五丈原之戰對峙了約百日後，亮終於鞠躬盡瘁，亡於陣前。時間是西元二三四年八月，享年五十四歲。西蜀當此之際只好撤兵，地方上的老百姓見此狀即歸附司馬懿。司馬懿曾想乘勝追擊，但蜀軍故意將旌旗方向改變，並放出擊鼓之聲，擺出反擊姿態，懿軍見狀竟倉皇而逃，不敢接近蜀軍。看到這情形的老百姓紛紛說道：「死了的諸葛亮，竟騙走了司馬懿。」

因為司馬懿是個猜疑心重的無能將領，所以這句話給人淪肌浹髓的印象。但是懿在此戰中，也並非勉強獲勝，而是敵人主動撤退的，「持久戰」往往如此，且有時可不戰而勝。孫子兵法中曾寫道：「目的在於結果而非過程」。

在這個功利為主的社會上，人與人之間往往也是如此，有時為達目的，不擇手段。商業市場更是不可或缺此策略，所謂「兵不厭詐」，不可不慎。

十七、能忍才能成大事

臂血流離、盈於盤器、而羽割炙引酒、言笑自若。（『蜀書』關羽傳）

英雄豪傑的過人膽識，通常是凡人所不及的，我們由豪氣干雲的關羽之事蹟中即可看出。

關羽在一次戰役中，左腕不小心被流箭所傷，因為當時雨下不斷，連日不絕，所以骨頭常感酸痛。有一次，醫生前來為他敷藥，說道：「箭毒已滲入骨中，唯一的治法就是切開手腕，將骨中之毒剜掉。」關羽一聽，即猛地將手伸出。

當關羽和眾將在宴上飲酒時，手腕竟滲出血來，滴滿酒杯，但關羽不變其色，依然繼續暢飲，與眾將談笑風生。

由於他將意志轉向他處，故能忘卻痛楚，泰然自若，這實非常人所能為之。對於這種自身遭到挫折或壓力，始終自己承受，而不向他人訴說，可說是一種美德，即使在今日也是令人津津樂道的。

我們所應該了解的是，關羽堅忍的精神，這是處事所應有的正確態度。

十八、棄之可惜留之無用

夫雞肋、棄之如可惜、食之無所得。（『魏書』武帝紀）

「雞肋」就是指此物棄之可惜、留之無用的意思。譬如，你會謙遜地稱自己的著作為「雞肋集」。

建安二十四年（西元二一九年），曹操親自平定漢中，當他在面對劉備的堅強陣容時，雙方曾僵持數月之久，結果曹操還是不得不撤退，但是撤軍時，他只下達一句命令：「雞肋」。署官不明白這句話的意思，只有次官楊修在聽到命令後立即撤退，士兵見狀都很吃驚，問道：「為何您知道此話的含意？」

楊修答道：「雞肋就是雞胸的意思，如果想把它丟了又覺得可惜，想吃又似乎沒什麼肉。漢中之地即如雞肋，故統帥決定撤兵。」

我們姑且不論漢中之地是否真如曹操所說的雞肋，但能拿捏得住撤退的時機也絕非易事。事實上，曹操是在眼看時局已定，無法扳回勝勢時，才以一種自欺欺人的方式安慰自己，說道：「漢中之地為雞肋之地。」

我們每個人活在世上，不論是因社會的大環境或各種道德規範的約束，總會有些可資遵循的價值觀，但在時代的流變中，我們也不得不時時修正觀念，這不是流俗，而是一種正確的處世態度，亦即不拘泥於某一個主觀的認定，才是最適切的人生態度。

十九、勇於認錯

制法而自犯之、何以帥下。（『魏書』武帝紀）

曹操率軍經過麥田時，命令部下：「不得踐踏麥田，違者處死。」騎兵隊立即勒馬，小心翼翼地用雙手撥草前進。此時，曹操的坐馬突然不聽使喚，狂奔入麥田中，曹操怒而要定事務次官的罪。

次官答曰：「『春秋』上說，罪必非由最上位者裁定。因為定位的人，自己反而破壞了法規，在定罪時，不承認自己的錯誤，反而要判我的罪，這不是極不講理嗎？一個統率者，居然如此不明事理。」

曹操聽了，立刻舉劍削髮於地。

國家的章法，在由民意的表決後，總是能定出一條條限制嚴格的規條，讓我們時時不忘自由的極限。當我們自己訂定了某些原則，而自己卻破壞它時，應有勇於認錯的勇氣，不能故意嫁禍他人，讓人做代罪羔羊，這是我們應認清的事實。

二十、即使能力超強，也需得力的助手

夙興夜寢、罰二十已上、皆親覽焉。所啖食不過數升。（『魏書』明帝紀）

我們來談談出兵至五丈原時，諸葛亮的政治手腕。當時，由於諸葛亮的軍隊是一支遠征軍，而且在日夜不停處理繁重的軍務之下，即使諸葛亮般英明的人，長期地受肉體及精神的雙重煎熬，也會疲困難當的。

當諸葛亮派遣使者到司馬懿處，司馬懿居然對戰事隻字不提，只是詢問使者有關諸葛亮的寢食及生活。使者答道：「諸葛公，早起晚睡，每天二十以上的笞打刑罰，都親自覽調。所吃的食物也很少。」待使者返回亮處，懿便說：「諸葛亮死期不久矣。」於是懿很篤定地仍舊採其持久戰術，禁止出兵襲擊亮軍，結果真如懿所料，諸葛亮在營中病逝。

雖然我們可以說，人有無限的潛能，但一個人的力量畢竟有限，尤其單打獨鬥更是困難，所以，凡事與人合作才可達成事半功倍的效果。當我們居上位或站在自己的崗位上時，不要忘了培養一個能勝任同一項工作的人，使在工作的延續上不致發生斷層的現象，也可因而助其成功。

二十一、公私分明

雖好尚不同、以公義相取。

（『蜀書』法正傳）

不僅在工商社會中，即使在一般輕鬆愉快的場合中也常會有這種現象，那就是當成員人數飽合到某一點時，總有人會說：「我愈看他愈不順眼。」

這對賢明如諸葛亮的人，也曾有此感。

諸葛亮一生奉獻於西蜀，對國事絕不會馬虎。有一位擔任皇帝政務官的法正大人，大家對他的為人總不敢做正面批評，其實，諸葛亮私下也不喜歡法正這個人，但因為法正對事物每有獨到的見解，所以，他對國家大事的抉擇一定要徵求法正的意見，而且每次對法正的不凡言論，諸葛亮都擊節讚賞，相當敬服。

當劉備為了替關羽報仇，一心想御駕東征，最後不幸敗北逃至白帝城時，留守成都的諸葛亮即嘆道：

「假如法正還活著，他就可以阻止我軍東征了，即使他想東征，亦不會嚐敗績的。」

所謂「公」、「私」，究竟應以何者為先呢？道理或許人人能解，但人類是感情的動物，有七情六慾，要真能六根清淨，不受俗慮的染塵，而公正客觀地判斷是非，對待個人，是非常不容易的。

不過，為了使社會更和諧、更進步，在「雖然喜惡各有不同，但以公義為準繩」這方面應有的努力，自不待言。

二十二、領導者的臨危抉擇

濟大事必以人爲本。（『蜀書』先主傳）

劉備曾被人稱為「賢德之人」，這真是一句再適合不過的話。建安十三年（西元二〇八年），被曹軍壓迫的劉備，準備由荊州撤退，當時，由於人民皆仰慕劉備的賢德，所以紛紛隨其左右，很快地就結合了數十萬的民兵，糧食武器約數千輛，這麼龐大的車隊，即使局勢如何急迫，每天也只能退十數里，所以劉備命關羽去租借一些舟楫，讓人民先乘舟避難，但劉備的屬下道：

「必須立刻抵達國門的是我們，現在這裡有無數的老百姓，而武裝的士兵卻只是少數，萬一曹軍趕至，則吾必全軍覆沒。」

劉備聽此言，臉色大變，怒言道：「你說什麼？要成大事必須先以人為本，現在，他們都是為了仰慕我而來的，我怎能棄他們而不顧呢？」

身為領導者，處事須有條不紊、當機立斷，在面臨危機時，必須掌握全局，做冷靜而客觀的分析，找出因循的標的，然後努力實踐；若只是先考慮自己，沒有犧牲小我的精神，則必將失去其領導者的資格。

二十三、老而好學

光武當兵馬之務、手不釋卷。孟德亦自謂老而好學。卿何獨不自勉勖邪。

（『吳書』呂蒙傳）

孫權曾勸告勇武兼備的將軍呂蒙，充實知識的重要，呂蒙往往逃避地說：「因為軍務太繁重，所以根本無暇讀書。」

孫權乃提出東漢光武帝及曹操兩個例子說明，他倆雖很忙碌，但卻有強烈的學習意願。他是這麼說：「光武是東漢中興之主，而孟德乃曹操之字。光武帝在陣營中，手不釋卷；曹操也自稱老而好學，卿為何獨不自勉？」

在孫權的誘導下，呂蒙終於發憤讀書，成為一個文武兼備的將軍。

事實上，孫權本身是個極了不起的人，從年輕時代就開始研究史書及兵書。所以當呂蒙開始奮勉時，大家都知道那是被孫權的求學態度所感動的。

不管是誰下命令要我們做某事，若當事者本身並無意願去做，則多說也是枉然的，因為話說得再漂亮，沒有實質的行動，則永遠只是一句空話罷了，無法產生說服力的。

二十四、髀肉之嘆

見髀裏肉生、慨然流涕。（『蜀書』先生傳）

在無法發揮實力時，往往會慨嘆際遇不佳，此謂「髀肉之嘆」。所謂髀肉，即指股內側的贅肉。

劉備舉兵多年，仍無自己的根據地，只是投靠在荊州劉表的軍隊中。有一天，劉備被劉表邀請至其行館促膝而談，在交談一段時間後，劉備起身如廁，他突然發覺內股之間長出了贅肉，不禁落淚道：「啊！原來如此！」當他回到座上時，劉表看到他臉上的淚痕，問他原因？劉備說道：「這幾年來，我無時不奔忙於戰場，股上一直是結實而沒有贅肉的，但最近因為較少騎馬，股間已長出贅肉來了，唉！歲月不待人，不久我將邁入老境了，但壯志未酬，我怎能不慨然流淚呢？」

任何人都不能保證自己不會碰到「髀肉復生」的情形，但即使真的遇到，也不能只是終日怨天尤人，必須以此惕勵自己，並磨鍊志節，使自己在各方面都能更上一層樓，那麼即使歲月流轉，年華老去，也不會有「老大徒傷悲」之嘆了。

二十五、重才不重德

當紹之強、孤猶不能自保。而況眾人乎。（『魏書』武帝紀）

曹操與袁紹在官渡之戰中的激烈交戰，可說是前所未有的，這是一次以寡擊眾的戰鬥，結果是由較弱的曹軍獲勝。在實力或水準上，曹操的勢力都不及袁紹，但因袁紹態度傲慢，故往往生輕敵之心，又因其參謀的叛變，故情勢逆轉，終使袁紹之軍潰敗，逃至黃河對岸。

在曹操獲勝之際，曹軍沒收了袁紹陣營殘存的文件，發現一封許都與袁軍互通軍情的信，曹操見信即謂：「袁紹在兵力強盛之際，都無法自保了，更何況其他人呢？」故信未看完就將它燒盡。

由此可見，曹操是個胸懷大志的人，他不喜愚忠而不知變通之人，反而較欣賞有能力者，這恐怕是另一種用人的態度吧！

二十六、奇珍異寶並非絕對無價

彼所求者、於我瓦石耳。（『吳書』吳主傳）

陳壽在對劉備的評論中說道：「身可屈，辱可忍。」我們分析孫權的為人，他從不被利所趨，甚至不被情面所局限，是一個具有堅忍志節的人。

在夷陵之戰前，孫權曾經急於向魏稱臣，是為了避免魏、蜀的兩面夾擊之困。但魏對孫權的稱臣態度頗感懷疑。所以魏文帝就派使者到吳國，命吳進貢象牙、犀角之類的奇珍異寶，但是吳之大臣皆認為此非智舉，告訴吳王：「我國的朝貢物，有一定的固定品，魏的要求已超出我們的規定，所以王應拒絕才是。」

孫權卻答道：「在西北有劉備的大軍逼迫著，我軍可說在生死關頭，故對魏所提之貢物，就像瓦石般，我一點也不覺得可惜。」說完即備好貢品送往魏國。

一個領導者能懂得「身可屈，辱可忍」，則實不失為一個領導者的風範。我們一般人在做任何事時，若能衡量輕重，做最恰當的抉擇，則定可擷取纍纍的碩果，而對於奇珍異寶等無價之物，也能視之如敝屣了。

二十七、魚水之交

孤之有孔明、猶魚之有水也。（『蜀書』諸葛亮傳）

我們稱君臣間的親密關係為「魚水之交」。

關羽和張飛在作戰時總能締造佳績，處理國事時，也不失為優秀的參謀人才，所以對國家的貢獻，實在非同小可。但是，劉備始終沒有自己的根據地，因此「三顧茅廬」迎出諸葛亮，聽他三分天下的策略，自此不分晝夜地與諸葛亮商議國政，絲毫不倦。

看到此情形的關羽及張飛，非常憤怒，認為自舉兵以來，他們即為國家赴湯蹈火，其功勞無人能及，如今卻冒出諸葛亮此人，兩人的地位顯然已經不如他了。劉備為了平息他們的怨氣，就坦然告訴他們：「我得孔明，如魚得水，你們難道不了解嗎？」

在上者為了要讓部屬誓死效忠，必須使他們能完全服於自己，這除了在上位者必須信任他們外，還要讓他們產生共識。特別是與你愈是深交的人，嫉妒之情必愈強，所以能了解此心態，必能使自己的組織和諧相處。

二十八、勿以貌取人

龐士元非百里才也。使處治中・別駕之任、始當展驥足耳。（『蜀書』龐統傳）

龐統字士元被稱為「鳳雛」、諸葛亮則被稱為「伏龍」。但龐統所受的待遇卻與諸葛亮大大地不同。只因為龐統不是極有風采的人，所以劉備對他便另眼相待，只讓他們做地方上的縣吏。龐統所任之處因無政務可做，故很快地就被劉備辭官了。

聽到這消息的吳將魯肅，立即寫信給劉備說道：「龐士元非百里才也。使處治中，別駕之任，始當展驥足耳。」

諸葛亮也有同感，所以，劉備就與龐統仔細談論，評定龐統這個人後，肯定了他的才能，甚至委任他為巡官。後來龐統終能成為劉備的心腹，與諸葛亮同受到禮遇。

我們往往有先入為主的觀念，凡事容易以形象來判斷其優劣，其實外貌雖是真實的東西，能由視覺使我們產生心靈的觸動，但在變幻無窮的社會中，你又怎能肯定沒有假象呢？還是以一顆慧心去看待萬物吧！將心比心，則人的真誠將充塞整個宇宙，內在與外在也能相互包容，表裡如一了。

二十九、功業存續之道

如其功業、以俟能者。

（『蜀書』費禕傳）

諸葛亮死後，蜀軍由姜維率領，因姜維對自己的軍事能力很有自信，所以，就繼承諸葛亮向北出兵的志業，但每次的軍事動員，總會受制於國政費禕。有時費禕會對著姜維勸說：

「我們的能力遠不及諸葛亮，連他都無法平定中原，更何況我們呢？目前最好是先鞏固國政，至於大規模的北伐大業，還是待有能力者來率領吧！只要我們有穩固的國政，相信必能一舉而勝，令敵軍措手不及的。」

居上位者，若無法清楚自己的實力，而輕率行事，則其組織必有覆巢之危；至於如何安保組織、社稷的存續，就有賴決策者的智慧了，這攸關千萬人民的性命安危，是馬虎不得的。

三十、勿得意忘形

怒不變容、喜不失節、故是最爲難。（『魏書』卞皇后傳）

曹操常以自己的正夫人卞皇后為傲。卞皇后出身娼妓，但曹操卻不以為意，認為不必去追究有能者的過去，事實上，卞皇后也的確是個賢良莊重的女性。

皇后生下曹丕後，就決定了曹操的承繼人，公卿大臣們紛紛道賀。其中有一位女官說道：「今丕成了太子，天下萬民無不歡欣鼓舞，后必大受恩寵。」

皇后卻答道：「不，眾將軍們較丕年長，閱事不少，故丕也只是後繼者罷了。我最遺憾的是沒有受過教育，所以非常重視曹丕的學習，希望不要耽誤了他才好，但是，假使他有放肆的行為，我也必定不加通融的。」

女官告訴曹操皇后所說的話，曹操得意地說：「喜不失節，怒不變容，故是最為難。」

的確，能做到「怒不變容，喜不失節」，恐怕只有高風亮節的人才做得到，在日常生活中，我們無時無刻不會遇到一些喜怒哀樂憂惡慾的事情，在你運用情緒的時候，不妨多觀照全局，以一種謙遜的態度去對待，那麼，你會發現所有的煩惱都將是無中生有，偌大的世界是多麼地美好。

三十一、人心如貌各不相同

人心不同、各如其面。

（『蜀書』蔣琬傳）

「人心不同，各如其面」是蜀將蔣琬的名言。當諸葛亮在五丈原病倒的時候，就將政事委任蔣琬，雖然蔣琬此人缺乏威嚴，但他卻能沈著就事，所以能在諸葛亮死後，平復動搖的人心，使疲憊的國力恢復生機，真是一個不可多得的將才。這可從他平日處理人事關係中窺出端倪。

有一天，他要部下楊戲來與他商議大事。楊戲是位個性豪爽坦率的人，但是，當時他對蔣琬所提的問題，卻答得結結巴巴，極不流利。平日對楊戲便有陷害之心的人，看到這情形，便說：「楊戲以這種態度與您談論公事，對您非常不尊敬。」蔣琬道：「人心就如臉般，各有各的面貌，自古迄今最引以為戒的就是面善心惡的人。楊戲深知答我的話時，如果一直點頭顯然違背了他的本意，如果一一反駁，又怕會顯出我的不是，所以他才會支支吾吾，可見他是多麼率直的人。」

像蔣琬這樣深明大意的領導者，實不多見，能處處為人著想，不採自己直觀的偏見去對待事情，這在我們現在的社會來說，可說是一股清流了。

三十二、眼見為憑

他人商度、少如人意。

（『魏書』張魯傳）

建安二十年（西元二一五年），曹操已在位三十年，要舉兵討伐在漢中勢力漸張的張魯的五斗米道。原先曹操的計畫是，先攻破陽平關，再進兵蜀地，但沿途涼州巡官及武都降兵都異口同聲道：

「陽平關南北皆無高山屏障，故攻張魯易如反掌。」

曹操聽他們所言，信以為真，但待實地勘察卻發現，自己的軍隊雖很順利地攻城略地，死傷卻無可數計，故曹操嘆道：

「他人商度，少如人意。」

此事說明某些情報，往往在證據確鑿時，才有其價值，光是聽提供者的片面之詞，而不小心求證，那麼，如果是誤謬的言論，則非但有可能造成事倍功半，更有可能誤了大事。

三十三、英雄惜英雄

今天下英雄、唯使君與操耳。本初之徒、不足數也。（『蜀書』先主傳）

劉備獲知獻帝遭曹操誅殺的消息，正覺時機來臨。有一天，曹操邀劉備吃飯，在宴會中，曹操若無其事地說：

「現在的天下英雄，唯有劉備及曹操罷了。袁紹之輩，不足掛齒。」

劉備當時正想夾菜，結果筷子竟掉落地面，就在那一瞬間，突起雷鳴。劉備道：「難道有事即將發生？」說完，即離席。

我們可從小說及戲劇中發現，在當時，即使擁有強大勢力的袁紹（字本初），其能力也比不過劉備，曹操聽到有關劉備的事，就起了「英雄惜英雄」之慨，事後證明曹操並沒有錯看劉備，在亂世中，如果錯估了自己的敵人，是無法取勝的。

三十四、無怨無悔的人生

人五十不稱夭。年已六十有餘，何所復恨，不復自傷，但以卿兄弟爲念。

（『蜀書』先主傳）

在劉備寫給其子劉禪的遺詔中，曾提到：「人五十不稱夭。年已六十有餘，何所復恨，不復自傷，但以卿兄弟為念。」

劉備一生一直是顛沛流離，沒有一天有好日子過，由於長期沒有自己根據地，只好到處遷徙。到了中年，依然有髀肉之嘆，但也總算佔三國鼎立之一角；晚年，為了報關羽之仇，竟做了有勇無謀的事，搞得一敗塗地。

儘管如此，他卻對其一生無怨無悔，難道他對自己的一生已感到滿足？

凡世間人，不論過著怎樣的人生，都是自己選擇的，即使會因為選擇了一條滿布荊棘的路，而遭到許多的磨難，也應該無畏地走過；其實人生難免有挫折，既是無可避免的相遇，何不坦然以對？

三十五、不可忽略小事

勿以惡小而為之、勿以善小而不為。惟賢惟德、能服於人。

（『蜀書』先主傳）

在白帝城病倒的劉備，寫信給遠在成都的劉禪道：「勿以惡小而為之，勿以善小而不為。惟賢惟德，能服於人。」大意就是，不論任何事，都是由小而大的，當你閱讀一篇鉅額貪污的消息時，要知道，這種一開始必定只是個小貪污而已，但不加注意，於是貪念日益擴張，小偷便成了強盜了。

其實，平時有些習慣自己可能並未察覺，等到時日一久，就習慣成自然了。就如當你處於惡臭及噪音之下，一開始也許覺得很難受，久而久之，則會「入芝蘭之室，久不聞其香；入鮑魚之肆，久不聞其臭」了。人常會去適應環境，但刺激久了就麻木了，所以「勿以惡小而為之，勿以善小而不為」應是一句人人受用的話。

劉備在最後又附帶說：「然而父德薄，無法發揮績業。」他被稱為有德之人，卻認為自己缺乏賢德，故以「謙虛」二字形容他，他是受之無愧的。

三十六、智謀之士

天下智謀之士、所見略同耳。（『蜀書』龐統傳）

所謂「英雄所見略同」，雖然如此，但也並非每一個英雄都是如此的。

赤壁戰後，孫權將其胞妹嫁給劉備，事實上，這是一種政治婚姻。當時在吳都建業舉行婚禮，劉備被質留於其中，不久即平安歸國。但劉備並未發現，這是吳將周瑜設計將劉備牽制住的。只因為孫權並沒有完全採用周瑜對劉備的質留策略，劉備才能毫髮無損地回國。

一年後，原為周瑜部下的龐統，將此事告訴劉備，劉備才恍然大悟地嘆道：「當時我因為處在較弱之勢，故不得不接受他們的邀約，但我卻差點中了周瑜的圈套，所謂『天下智謀之士，所見略同耳』。諸葛亮勸我不要前去，故我特別細心留意，沒想到果真如此，真不愧為諸葛孔明啊！總之，我是太天真了，我以為孫權忌憚曹操，就一定會有求於我，但是我的短視，卻幾乎令我喪命。」

領導者的決定關係大多數人的安危，故所走的每一步路都要小心謹慎，我們做事也是如此，一定要考慮周密再行之。

三十七、待雲雨之降臨

蛟龍得雲雨、終非池中物也。

（『吳書』周瑜傳）

所謂「蛟龍」，猶如假想中的怪獸，平常潛於深水之中，不輕易地露臉。而有些懷才不遇、有志難伸的英雄，也是這種情形。

在周瑜寫給孫權的一封建議書中，曾將劉備喻為蛟龍，斷定劉備是一個不可輕忽之人。赤壁戰後，孫權把荊州數郡借給劉備，除此之外，又把自己的胞妹匹配給劉備，希望透過這層婚姻關係，加強雙方的感情。但是，在吳都建業行婚禮時，駐於江陵的周瑜上書道：「我軍將劉備視為自己人，而且給予領地，彼此站在主從地位上，這可說是最危險的，因為『蛟龍得雲雨，終非池中物也』。」

就如周瑜所顧慮的，後來劉備果真成為三國鼎立之一角，其在懷才不遇時，能克服逆境，等待雲雨之出現，若非蛟龍人物，是不可能有此能耐的，我們從許多英雄烈士的事蹟中可以證明。

三十八、何謂真正的大人物

劉備以梟雄之姿，而有關羽、張飛熊虎之將。必非久屈為人用者。
（『吳書』周瑜傳）

梟雄的梟，即指猛禽類貓頭鷹，他會站在樹枝上找尋獵物，牢牢地貼在樹幹上冷眼旁觀世間的變遷。這是周瑜解釋的，其中談到「劉備以梟雄之姿，而有關羽、張飛熊虎之將。必非久屈為人用者。」

在赤壁之戰後，大家才開始對劉備重新評估，認為他實非等閒之輩。孫權採懷柔政策，將其妹嫁給劉備，周瑜為了要孫權提高警覺，才說了以上的話。其後，雖然用計將劉備牽制於吳都，使劉備住在富麗堂皇的宮殿裡，每天圍繞在美色中，希望藉此與劉備合力對付曹操，但是卻沒有成功。

儘管如此，像劉備這樣的大人物，能暫時「委曲求全」而成就功業。可見所謂的大人物，並不是徒具虛名罷了，還須有一套彈性的因應之策才可能成大事的，而面對紛紜的人際關係，也要有一套管理之道，待人處世不偏不倚，才是一個真正的大人物。

三十九、激辯後，應持果斷的態度

諸將吏敢復有言當迎操者，與此案同。（『吳書』周瑜傳）

有「江東之主」之稱的孫權，曾經面臨被曹操八十萬大軍包圍於赤壁的困境，當時，孫權的兵力只有數萬，在年輕的孫權君主前，一些老的臣子們異口同聲地說應向曹軍投降，只有年輕的周瑜和魯肅兩人能詳細分析兩軍的勢力，決定展開攻防之策。

孫權說：「太好了，以後若有人再叫我投降曹操，則那人的命運將如此桌。」說時，將刀拔起朝眼前的桌子砍下，頓時桌裂為二，臣子們皆不敢再有異議。

攸關組織命運的大問題，在議論時爭論不休，是很自然的事，但是在取捨眾議時，領導者就必須斬釘截鐵地加以定奪了。當時年僅二十七歲的孫權，在遇到問題時，能果斷地行事，激發臣下的認知及共識，真不愧為一國之領導者。

四十、創業與守成

舉江東之眾，決機於兩陳之間，與天下爭衡，卿不如我。舉賢任能，各盡其心，以保江東，我不如卿。

（『吳書』孫策傳）

有「小霸王」之稱的孫策，曾對他的弟弟孫權說道：「舉江東之眾，決機於兩陳之間，與天下爭衡，卿不如我。舉賢任能，各盡其心，以保江東，我不如卿。」一言以蔽之，孫策為創業型，孫權為守成型。孫策可喻為項羽，當曹操與袁紹戰於赤壁時，曹操急於攻取許都迎獻帝，但在行動前，卻因為刺客的出現，致使計畫付諸流水。當時曹操僅二十六歲，孫策常將只有七歲大的孫權帶在身邊，讓他學習帝王之術。其間，他看出弟弟和自己儼然不屬同類，所以，孫策才告訴其弟上面的一番話。

等到孫權十九歲時，孫策幫孫權訂定往後的總目標，孫權就一心一意地堅守吳地，雖然並沒有併吞其他地區，但因為他極了解自己，所以，也能在小小的吳地鞏固自己的一片江山。

四十一、吳下阿蒙

吾謂大弟但有武略耳。至於今者、學識英博、非復吳下阿蒙。

（『吳書』呂蒙傳）

阿蒙的「阿」，冠於名字上頭，予人極為親切之感。而阿蒙就是吳將呂蒙，從他年輕時，就極勇猛而出類拔萃。但是，如果他只是一無名小卒也就罷了，若想統率大軍攻敵，則恐怕無法勝任。對於這點頗為擔心的孫權，總會諄諄教誨他學問的重要，呂蒙也能接受而發憤地閱讀兵書，故能很快地成為智勇兼備的大將。

有一天，吳將魯肅和呂蒙商議軍事，呂蒙的計策令魯肅大為吃驚，因為魯肅始終認為呂蒙是莽夫，此刻，魯肅歎道：「吾謂大弟但有武略耳。至於今者，學識英博，非復吳下阿蒙。」

我們將固守陋規，而不求進步的人，稱為「吳下阿蒙」。如果我們在隔了一段時日後，再見此人發現他與以前已大不相同，不但在想法上有很大的改變，也不再墨守成規、不知變通了，那麼，我們便會說此人已非昔日的吳下阿蒙。

四十二、士別三日，刮目相待

士別三日、即更刮目相待。（『吳書』呂蒙傳）

「士別三日，即更刮目相待。」這是看到呂蒙的轉變後，魯肅對呂蒙所說的贊嘆。當然，此處所指的三日，不過是譬喻罷了。

當魯肅和關羽交戰，在向前攻打的途中，呂蒙分析了關羽的為人，向魯肅提出三項因應對策，魯肅採呂蒙的對策，朝駐紮地前進。此時，呂蒙已是一個戰略家，他的計策很快地就發揮了功效，打了很漂亮的一仗，魯肅對呂蒙也從此另眼相待了。

像呂蒙這種晚學的人，和年輕人相比，進步當然比較慢。但是，他能孜孜不倦地求取學問，所以，能很快地追上原本比他強的人。在呂蒙替代魯肅率軍後，能識破敵人的心態和行動，以極妙的方式打敗了關羽，這種能力和他以前常常只憑一時的勇猛而行事的作風，真是不可同日而語。因此，我們每個人應該彼此有「士別三日，刮目相待」的態度，自我勉勵才是。

四十三、人才是培養出來的

人長而進益，如呂蒙、蔣欽蓋不可及也。富貴榮顯，更能折節好學，耽悅書傳，輕財尚義。所行可跡，並作國士，不亦休乎。（『吳書』呂蒙傳）

孫權對大器晚成的人，總會對他大大地讚揚一番。故他說道：「人長而進益，如呂蒙、蔣欽蓋不可及也。富貴榮顯，更能折節好學，耽悅書傳，輕財尚義。所行可跡，並作國士，不亦休乎。」

呂蒙及蔣欽是自年輕時，即在外奔波，沒有機會伏案用功之人，但他們能因為孫權的勸導而立志用功，終於留下了孫權那番話。

如果能激發部下的潛能，再加以培育，假以時日，一定會有一批出色的人才來協助自己的。所以發掘人才，並非只尋找才氣縱橫的人，我們應具有遠見，洞悉何人能擔大任，將工作付與真正有心的人去做，又能不計成本地加以栽培，如此，一定能有一番作為的。

四十四、求學應趁年少

人少好學則思專，長則善忘。（『魏書』文帝紀）

做學問的最好時機，是在記憶力、集中力很強的青年時期。因為人年紀一大，記憶力、集中力衰退，就較容易忘事。

好學者如曹操，即使在陣營中，也能手不釋卷，這是曹操給一般人的印象。不管再怎麼忙，他早晚總會抽出一小段時間來看書，所以，曹操常常告誡其子曹丕要立志向學。曹丕因此能克紹箕裘，和曹操一樣在文學上有所成就。

雖說「活到老，學到老」，但是，許多事最好還是從年輕時就要培養，像那些較需要靠記憶力的東西，如背單字、語言的學習等，最好趁年少就多聽、多說，否則全部堆到華髮滿布時，才要開始發憤用功，其精神雖很可佩，但時間必定要投下更多才行。

四十五、人生有死

人生有死、修短命矣。

（『吳書』魯肅傳）

三國時代流行一句話：「人五十就不算短命了。」但只享年三十六年，卻給人早夭的感覺，吳將周瑜就是如此。

赤壁戰後兩年，周瑜計畫滅曹操，但在遠征前卻因病不起，周瑜知道自己離大限之日已不遠，就上奏給孫權道：「人生有死，修短命矣。」這雖是達觀的說法，但其後又說道：「我死不足惜，但遺憾的是，我再也不能奉主上之命行事。」

當時孫權才二十八歲，周瑜想到尚留此一年輕的君主治國，就很感慨自己的早逝，或許他並非真的達觀吧！

現在我們平均壽命約為八十歲，但是，這也只是統計的數字罷了，誰都不能預知自己的未來，所以，我們也無須杞人憂天，害怕那一天自己將離開人世，把握住現在才是真的。

四十六、領導者應具備的條件

少語言、善下人、喜怒不形於色。（『蜀書』先主傳）

當劉備尚年輕時，待人處世的態度是「少語言，善下人，喜怒不形於色」。從這時候開始，他就有領導者應有的做事態度。

其中「少語言」的確很重要，有人在與他人交談時，不知道尊重聽者，只一味地自說自話，不給人反駁或休息的機會，如此一來，即使這個演說者真的很精采，結果也只是一廂情願，沒有人會附和的。

「善下人」最有名的是三顧茅廬的劉備，當時諸葛亮尚未有任何功績，年齡且較劉備小二十歲，但劉備卻能有「善下人」的態度，所以最後迎出了諸葛亮，也真的發掘了一個年輕有為的軍事家，為他鞠躬盡瘁。

其三是「喜怒不形於色」，一位領導者必須一面觀察部下的作為，一面表達自己的意見，用一種適切的方式來對待部屬，不要因為自己是上司，就濫用職權。若能知人善任，不放任自己的情緒，相信你的部屬必定會盡力為你做事的。

四十七、臣下亦可擇君主

非但君擇臣，臣亦擇君。（『吳書』魯肅傳）

群雄處於亂世應選擇何種君主？相信很多人都會為此而煩惱。魯肅正猶豫應該選擇何種君主時，周瑜在一邊大加鼓吹，要魯肅選孫權。周瑜道：「非但君擇臣，臣亦擇君。」這句話是根據孔子的嘉言「君擇臣而仕，臣亦擇君」引申而來的。君臣關係一般來說即是如此，但亂世中則更顯得重要。

尤其是對於處在擇君地位的人來說，更形重要。因為，如果在一個平庸的人手下做事，不但不能發揮長才，就連自己的理想及生命安危都可能不保。事實上，就現代企業來說，擔任人事考察的人，也須切記這句話，不僅在上者能選擇，在下者應也有選擇的權利。

我們有「選罷法」的制定，也是對選舉人的一種保障，這不但可以選賢與能，更能令在位者隨時注意自己的言行，無法專擅妄為。

四十八、為臣之道

事君不忘其本，天下義士也。 （『蜀書』關羽傳）

建安五年（西元二〇〇年），曹操打敗了蜀軍，捉住關羽回許都，由於曹操極喜歡關羽，所以好幾次想說服關羽，對他特別禮遇。

但是，關羽卻對曹操說：

「殿下，我知道你對我友善，但我與劉備情深義重，信誓旦旦，所以我不能接受你的好意。還是讓我死吧，我一定會報答你的恩德的。」

這話很明顯地表示關羽不願仕曹，曹操一聽，雖然生氣，但還是佩服關羽的節操，而感動地說：

「真不愧是關羽，對臣下之道能如此盡守，實在讓我佩服不已。」

在亂世中，任何人都想找一個對自己較有利的君主，但是關羽堅毅果決，不與世俗同流的節操，著實難得。而能讓自己的對手稱讚，更是非一流人物不能為之。

四十九、治天下與滅天下之不同

定國之術，在于強兵足食。（『魏書』武帝紀）

曹操眼見糧食不足的情形極嚴重，為了使糧食能自給自足，就採行屯田政策，當時是建安元年（西元一九六年），因為戰亂不息，故有嚴重的飢荒。各地起義的軍隊對儲糧的措施都不重視，所以一發生飢荒就搶劫擄掠；而當糧食充足時，則又濫加丟棄，在這種情況下，最後當然會生寅吃卯糧的情形了。

一些不戰而敗的軍隊，往往就是因此而潰不成軍的。如占據河北的袁紹軍，一時也以桑果充飢，鄉村一片荒蕪，猶如廢墟一般。曹操見狀即開始招募難民，在許都周圍開拓荒地，曹操道：「定國之術，在于強兵足食。」若士兵飢腸轆轆，則必不能作戰。所以在第一年，他收了一百萬石的米糧後，就在各地設置農官，屯積穀物。使得在曹操管理下的鄉村，因而繁榮起來，軍隊兵糧的問題也獲得解決，曹操才能很快地稱霸北方。

我們應該要深入地看出事情的輕重緩急，並且要有遠慮，事先考慮周詳才做，這樣就不會有悔不當初之慨了。

五十、說服之道

強弩之末、勢不能穿魯縞者也。（『蜀書』諸葛亮傳）

諸葛亮的天下三分之策，能否實現，與孫權的決定有密切的關係。

在建安十三年（西元二〇八年），當時號稱八十萬的曹軍，其勢力已到江東，荊州的劉琮不戰而降，劉備也在長阪之地敗北，只剩孫權還固守江東。此時，諸葛亮單槍匹馬地到吳地，向孫權做強而有力地說服。

以下即是諸葛亮針對曹軍的弱點而向孫權所做的說服：「曹軍為一遠征軍，現在必已疲憊不堪，那些原先逼追我軍的騎兵，一天雖能追至三百多里，但是『強弩之末，勢不能穿魯縞者也』，故應以兵法來對付這些有勇無謀的強行軍。」

除了以上的故事，中國也有一些人在說服別人時，往往喜歡借用成語或譬喻，事實上，這是極高明的。在引經據典時，能抓住重點強而有力地說明，一定可以發揮威力，取得勝利的。

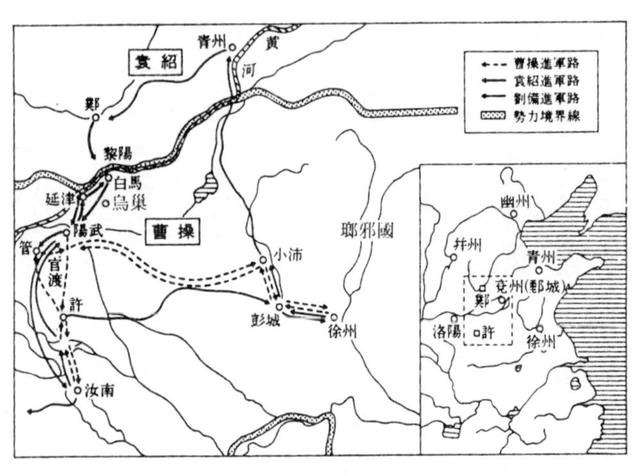

官渡戰之戰略圖

小常識①

官渡之戰

西元二〇〇年，袁紹與曹操在官渡決戰，這是一場「羸弱戰勝超強的大戰」。袁紹歷漢王朝四代相，他在黃河以北有勢力強大的軍隊，與之為敵者為新興勢力曹操。從實力與各方面來說，曹操皆非紹軍之對手。

但袁紹恃眾而驕，最後又因其參謀倒戈，造成內部混亂反敗於曹操。官渡戰因此奠定了曹操統一北方之勢。

由後漢至三國，這可說是一場新舊交替的大一統之戰。

五十一、待人之道

羽善待卒伍而驕於士大夫，飛愛敬君子而不恤小人。（『蜀書』張飛傳）

關羽和張飛兩人，都是需要以兵一萬以上才能與之抗衡的勇夫，他們皆為蜀軍武將，其威猛無人能及，但在待人方面卻有缺失。曾有一句批評他倆的話是：「羽善待卒伍而驕於士大夫，飛愛敬君子而不恤小人。」

張飛對其主上忠貞不二，但卻不知體恤部下；關羽則反，他很照顧部下，但卻看不起同僚。因為他們太不懂得做人之道，終於自取滅亡。

關羽在荊州的攻防戰敗而被殺，主要是他錯估了吳將呂蒙及陸遜兩人的能力；而張飛在和關羽一起率兵時，由於他不為部屬著想，故常遭部下的埋怨，終於在一次熟睡中被其部下砍殺。

不僅是關羽和張飛，一些卓越的人士對其四周的人際關係也總是拿捏不準，不能一視同仁，這當然會引起眾怒。身為一個領導者，若能公平地對待其下屬，相信必定能找到一批志同道合的朋友。

五十二、伺機而動

廣施方略、以觀其變。（『吳書』陸遜傳）

劉備為了替關羽報仇，大舉出兵攻打吳領地，擔任吳軍統帥者為陸遜。陸遜始終要眾將採持久戰，卻使其他同僚誤以為陸遜膽小。

陸遜聽到這話，就向大家說明他的戰略：「劉備率大軍來攻，其勢銳不可當，我們應在此養兵，增強我軍士氣，即『廣施方略，以觀其變』，待敵軍在山道行軍疲困之際，再將其一網打盡。」

這種在敵優我劣時，用按兵不動以觀其變的戰略來應付，是由陸遜起用的，即「中國流兵法」。

當然，並非漫無目的地等待，而是一面廣施方略，一面找尋反擊的機會。陸遜經過半年多的俟機等待，終於一舉獲得勝利。

世事難料，有時逞一時之勇反而無法得勝，能小心謹慎地等待時機者，絕對是善戰之才，而非膽小之徒。

五十三、須有寬厚的包容力

弘毅寬厚，知人待士，蓋有高祖之風，英雄之器焉。（『蜀書』先主傳）

正史『三國志』為陳壽所著，他曾評劉備：「弘毅寬厚，知人待士，蓋有高祖之風，英雄之器焉。」

高祖是指漢帝國的開創者劉邦，他原為一介農民，但居然能在毫無勢力的情況下，打敗了勢力強大的軍隊，輕而易舉地就統一了天下，在歷代皇帝中稱得上是佼佼者，所以我們可以發現，後人予平民皇帝劉邦的評價很高。

陳壽在對劉備的評論中，比喻劉備有漢高祖的風範，英雄的器度，又提到：「在臨終時，能將全權委託諸葛亮，不論國政或自己的兒子劉禪，皆完全交由諸葛亮負責。這種無私的君臣關係，實在是古今的模範。」

陳壽身處亂世，對人與人間的疏離感，時有感慨。故他對重感情的劉備予以極高的評價，當是無可厚非的。

五十四、納奇錄異

親賢貴士，納奇錄異。

（『吳書』魯肅傳）

周瑜對自己的主上孫權的評語為「親賢貴士，納奇錄異」。所以，當魯肅與周瑜商討將仕誰時，周瑜勸魯肅仕孫權，魯肅同意後，周瑜就向孫權推薦頗有才幹的魯肅。

魯肅原為富家子弟，然而卻非耽於物慾之人，在與孫權初會面時，兩人一拍即合，一邊暢飲一邊滔滔不絕地談論天下事，魯肅還建議孫權往後的方針呢！

看到這種情形而皺眉的是孫策時代的舊臣張昭，他認為魯肅為人不懂得謙遜，故常提議孫權說：「此人不成熟，加上目中無人，故不應與之商議天下事。」但孫權卻不為所動，仍重用魯肅。

也許孫權認為魯肅只是不拘小節罷了，所以能與之產生共鳴吧！

五十五、無私的君王

若嗣子可輔，輔之。如其不才，君可自取。（『蜀書』諸葛亮傳）

劉備在給諸葛亮的遺書中提到：「若嗣子（劉禪）可輔，輔之。如其不才，君可自取。」

在夷陵戰敗後，劉備被困於白帝城，他雖想再度親征，但是，關羽與張飛皆已先後離他而去，所以，他更覺得心力交瘁，不久便病倒了。

在病入膏肓之際，劉備以書信告訴遠在成都的諸葛亮說：「你的才能，比曹丕好十倍，我相信你一定能穩定國勢，且完成天下統一大業。」就將國政託付給諸葛亮，並託他照顧其子。

又說：「如其不才，君可自取。」這實在是很了不起的態度。君主對臣下能如此毫無私情，無怪乎劉備的才德一直是後人望其項背的。

五十六、得隴望蜀

人苦無足。既得隴右，復欲得蜀。（『晉書』宣帝紀）

建安二十年（西元二一五年），曹操進攻五斗米道張魯，並順利取得漢中，此時，司馬懿建議道：「劉備奪取劉璋之地才漸興不久，百姓對他尚未信服，現在正是最好的時機，如果我們繼續進攻，蜀軍必兵敗如山倒。」但是曹操答道：「人苦無足。即得隴右，復欲得蜀。」這句話就是要我們不要過分要求。

所謂「得隴望蜀」或「望蜀之願」即源於此。但現代社會中，貪得無厭的人彼彼皆是，例如投資在股票、土地、黃金、古董上的人，大部分都是為了想多賺一筆錢，甚至欲達目的，不擇手段。

其實所有的物質皆身外之物，把自己的一生投注在名利的爭逐中，得來的也只不過是一個個或一張張冰冷的銅板或鈔票罷了。而且會使你在靜夜省思時，發現寂寞漸漸向你襲來，你不但無力抵抗，也沒有一個人願意幫助你。

五十七、勝敗乃兵家常事

伐人之國而以爲歡，非仁者之兵也。（『蜀書』龐統傳）

劉備在占領蜀地後，諸葛亮天下三分的計策終於實現。建安十七年（西元二一二年），劉備根據龐統的策略進攻蜀地，首先攻其要塞涪水關，攻下涪水關後，即大開酒宴慶祝。

在眾將士酣醉之際，劉備問龐統：「今天的賀宴你感覺如何？」

龐統露出一副嚴肅的表情道：「伐人之國而以為歡，非仁者之兵也。」

以軍師龐統的觀點來看，戰爭才開始，所以腦海中應該無時無刻都浮現戰略才是，如果領導者自己心神紊亂只想著得勝，則非良兆。

加上這種戰爭的對象是同族人劉璋，相信這對劉備而言，一定是一場極為難的仗，但是，為了達到三國鼎立的宏願，劉備也只好捨棄自己的私情，以國家為重。

五十八、堅毅果決的態度

僕雖書生，受命主上。（『吳書』陸遜傳）

在夷陵之戰被吳軍統帥拔擢時，陸遜時年四十二歲，我們姑且不論其年齡，在經驗上他也稍嫌不足，所以在他指揮下的部將，由於皆為孫策時的老將，經歷及地位都非陸遜能及，故對陸遜的命令聽而不聞，根本無視他的命令。當陸遜下令採持久戰時，老將們不滿地說：「那傢伙真是懦夫。」陸遜一聽此話，就立刻召集眾將道：「僕雖書生，受命主上（我雖是後輩，卻是主上授權的統帥）。」並說：「以後敢違令者，一律問斬。」他的能度雖然暫時平息了傲慢將領對他的非議，但要說他的領導力，也只有看他以後的功績了。

緊接著，陸遜就按照自己所擬定的作戰計畫行動，待滅了劉軍，諸將才心服口服，不敢再有二話。由陸遜的例子可以看出，一些資源者往往會仗著自己原有的知識或經歷而瞧不起後進者，但是「江山代有才人出」，若只是一味地自我膨脹不知節制，終究會被果決的後輩所淘汰的。

五十九、人非聖賢孰能無過

應變將略，非其所長歟。（『蜀書』諸葛亮傳）

陳壽認為諸葛亮是「不善於隨機應變的軍事策略家」，陳壽本身是個政治家，雖他認為諸葛亮是古今中外一有名宰相，但卻對與司馬懿對峙時，五次北伐皆失敗的諸葛亮，感到遺憾。

諸葛亮雖然採奇策，但作風稍嫌保守，故將軍魏延提出長安奇襲戰法時，諸葛亮考慮到失敗的風險太大，而未採用。事實上，以魏、蜀兩國的勢力來看，如果不採出奇制勝法，可以說全無得勝的希望。結果，諸葛亮面對司馬懿的防禦，果真不能打破僵局，而亡於五丈原。

像諸葛亮這樣的智者，也有糊塗的時候，但這代價實在太高了。所以我們凡事一定要三思而後行，才不會悔不當初。由此，我們也能了解到「人非聖賢，孰能無過？」對於別人無心的批評或話語，不要過分在意，這樣我們也能活得更快樂。

六十、對付緊急事件應有的態度

子龍一身都是膽也。（『蜀書』趙雲傳）

趙雲字子龍，和關羽、張飛皆受重用於劉備，其威猛不遜於關、張二人。在長阪戰中，他單槍匹馬地在混亂的戰局中營救後主阿斗及甘夫人的故事，至今還膾炙人口。

戰後十年，他待在漢中與曹軍對峙，更發揮了勇武的作風。趙雲當時只帶了數十名騎兵，出入曹營偵察敵情。他在前方襲擊曹軍的陣營以牽制對方，使後援兵能趁機向後圍攻。

如果敵人反擊，趙雲就採蟄伏戰，窺伺敵軍的動向，再一步步地移回本營，然後打開城門，將旌旗落下，停止擊鼓，再令大家屏息不動。追來的曹軍，以為蜀軍有伏兵，就會不戰而退。此時，大鼓響起，萬箭齊發，終於讓曹軍竄逃離去。

劉備對這場戰役曾經歎道：「子龍一身都是膽也。」

所以，當我們遇到緊急事件時，應先冷靜自己的心，這樣才能仔細地想出問題的癥結所在，並尋出解決之道。

六十一、避免摩擦

臣雖駑懦，竊慕相如、寇恂相下之義，以濟國事。（『吳書』陸遜傳）

當陸遜受到孫權的重用，在夷陵戰中擔任統帥時，諸將皆認為陸遜為一乳臭未乾的小子，因而對他的指揮無動於衷。

戰爭結束不久，孫權知道了這件事，就告訴陸遜道：「你為何不告訴我諸將的態度呢？」陸遜答道：「他們都是您的得力助手，臣雖駑懦，竊慕相如、寇恂相下之義，以濟國事。」

藺相如是戰國時代的趙國大臣，寇恂則是東漢光武帝時的名臣，他們皆為一時將才，其君一旦商討國事，一定以兩人之意見為主，儘可能避免不必要的摩擦。

藺相如和廉頗將軍二人之間的由誤會到「刎頸之交」的結局，相信大家都耳熟能詳。

陸遜和藺相如能被重用，一定有他們過人的器量。我們在和朋友們相處時，一定要切記以和為先，發生任何爭執時，彼此能退一步想，則問題必能迎刃而解了。

六十二、信賞必罰，公正無私

盡忠益時者雖讎必賞、犯法怠慢者雖親必罰、服罪輸情者雖重必釋、遊辭巧飾者雖輕必戮。（『蜀書』諸葛亮傳）

諸葛亮的政策特徵是「信賞必罰」，而且極為嚴厲。執政者採此法，往往遭人怨恨及反感，但諸葛亮為人公正無私，採行「盡忠益時者雖讎必賞，犯法怠慢者雖親必罰，服罪輸情者雖重必釋，遊辭巧飾者雖輕必戮。」故人民都毫無怨言，對諸葛亮的公平無私，賞罰鮮明，很擁護他。

為官者最重要也最難為的就是公正無私，往往在沒有確實可遵守的原則之下，會產生不公的現象，但只要在上者有一顆無私的心，凡事能客觀地加以判斷，民怨自然會消聲匿跡的。

六十三、將領要能盱衡時勢

將在軍、君命有所不受。苟能制吾、豈千里而請戰邪。

（『晉書』宣帝紀）

司馬懿與諸葛亮對峙時，採持久戰術，所以有些部下心急如焚，數次提議自願單獨上陣。司馬懿認為必須得到遠在都城的君王同意後才可行動，故派遣使者回京都報告明帝，使者帶回明帝的詔命，令眾將須「徹底防守」。

事實上，這是司馬懿為安撫其部下，而與明帝預先設計好的，明帝聽了司馬懿的計策，曾說道：「將在軍，君命有所不受。苟能制吾，豈千里而請戰邪。」

所謂「將在軍，君命有所不受」的話，乃根據春秋時代兵法家孫武在『史記』孫子列傳中所說的。

身為將領，要有判斷的能力，知道自己的弱點而不讓敵方識破，掌握自己的優勢，使對方摸不清自己的策略，才能知己知彼，百戰百勝。

六十四、不要相信恭維之詞

夫天無二日、土無二王。

（『蜀書』鄧芝傳）

劉備死後，吳、蜀兩國再度結盟，而促使兩國恢復邦交的人是蜀臣鄧芝。鄧芝為一率直的人，在雙方談判中，孫權極不喜歡他的建議，故對鄧芝說：「兩國合力滅魏，使得吳蜀二分天下，一切就太平了嗎？」

聽到孫權「外交辭令」的口氣，鄧芝也直截了當地表示：「在併吞魏國後，吳蜀可再決一雌雄。」

雖然二者的口氣不同，但是意思卻都是一致的。鄧芝過分率直的性格，竟贏得孫權的好感，而親筆寫信給諸葛亮，大大地誇讚鄧芝一番。

我們在與人相處時，往往會為了顧及彼此的情面而互相恭維，但是卻使得疏離感愈形強烈，雖然真話總是很傷人的，但是與其只是一些客套的寒暄，一些天花亂墜的話，還不如誠摯地說出真心話，反而能找到真正的朋友呢！

六十五、子遵父命

吾亡之後，汝兄弟父事丞相，令卿與丞相共事而已。（『蜀書』先主傳）

劉備在臨終時，將次男劉永叫至跟前，說道：「吾亡之後，汝兄弟父事丞相，令卿與丞相共事而已。」

劉永即後主劉禪同父異母的兄弟，下有一弟劉理，他們的輔相為諸葛亮。在白帝城痛悟命在旦夕的劉備，將遠在成都的諸葛亮召來，付予國政及輔育幼子的任務。他寫給其子劉禪的信中，也滿溢著父愛。

當父親聲望日隆時，孩子可說是極受寵愛的，但是也必須克紹箕裘，承繼父親的衣缽，薪火相傳，才會不辜負其父願望。

所以，第二代的劉禪雖為平庸之輩，卻還是受諸葛亮的輔佐，而處理國政，應該是極為自然的事。

六十六、訴諸武力，有時為不得已之法

人稱臣降而伐之，疑天下欲來者心。（『魏書』劉曄傳）

西元二二一年，吳王孫權要向魏文帝曹丕稱臣，文帝的謀臣劉曄提出一議，說此時正是越長江襲擊吳都的最好時機，因為吳、蜀始終聯合對魏，若在此時讓吳、蜀兩國互相攻訐，則吳必會滅國，吳滅，蜀亦岌岌可危，到時魏即可坐收「漁翁之利」。

但是，文帝答道：「人稱臣而伐之，疑天下欲來者心。（對降伏稱臣者出兵討伐，恐怕會失去有降伏心的意願）」所以，並不採納劉曄的意見，而接受孫權的稱臣，給吳王一個封號。

文帝的判斷，表面上看起來很消極，但是訴諸武力，總是一種下下之策，能在毫無傷亡損失的情況下，不失信於天下，和平地解決，相信一定可以維持良好的友誼。

六十七、後繼者不斷

孤知君還意。近日言語，雖彌日有所不盡，更來一決耳。君所問者，公琰其宜也。

（『蜀書』李孫德傳）

諸葛亮病於五丈原時，劉禪派李福聆聽諸葛亮對國策的意見，在歸途中，李福發現他忘了重要的一點，又再度折返，諸葛亮對他道：「孤知君還意。近日言語，雖彌日有所不盡，更來一決耳。君所問者，公琰（蔣琬的字）其宜也。」

李福忘了誰要繼任諸葛亮的職務，諸葛亮就舉出蔣琬及費禕，當他想再提一人時，已無法言語。一個有責任地位的人，往往不能立刻舉出後繼者，而諸葛亮能謹慎地舉出兩個人，也許是他平日明察秋毫的結果吧。

我們在做任何事時，不要忘了培養後輩，使得事情能延續下去，即使是偉人崩殂，能有優秀的人才接棒，則必定可以綿延萬代的。

六十八、任留守之任

曹參雖有戰功，而蕭何為重。（『晉書』宣帝紀）

魏文帝曹丕最信賴的是司馬懿，但是文帝每次親征時，總以懿留守京都。他的理由是：曹參與蕭何皆漢帝國創業者高祖劉邦的大功臣，其功績無人能比。曹參及高祖奔命於疆場，終成大業；而蕭何卻從來未出征，不過他對後方內政的充實瞭如指掌，尤其對於兵援的補充更是內行。

高祖劉邦打敗項羽後，在論功行賞，封爵綬勳時，第一就舉蕭何，但有些武將們心存不滿，劉邦只有對他們道：「曹參雖有戰功，而蕭何為重。」就是因為有蕭何穩當地處理內政，所以，前線才能以後方的安定做後盾，而愈挫愈勇。若後方的自己人鬧得雞犬不寧，則站在第一線的軍人怎麼有信心、有氣力去對付頑強的敵人呢？

這是我們每個人都應該有的共識。

從一個領導者的作風，就可以看出他的為人，當領導者面對各方的挑戰或威脅時，也務必竭盡心力，為當初所抱持的熱忱態度而奮鬥，不能因為挫折，而使自己的初衷遺忘在時間之流裏，要想辦法克服一切險阻及一切人事的騷擾，才能有所成就。

六十九、有能者必可號召有才者

官者所以表才也。（『魏書』荀彧傳）

曹操的謀臣荀彧被稱為王佐之才，他是一個對拔擢人才很有遠見的人，能慧眼識英雄，使他們發揮一己之才幹。

曹操曾讚歎道：「荀彧對人才的明察實在了得。」

荀彧對人事採公正無私的態度。例如他有一位外甥，既無才能、品行又差，但是有人對他說：「你既有實權，為何不推舉你的外甥給薦議官呢？」

荀彧一面苦笑一面答道：「官者所以表才也，若他能行事合宜，我絕不會遺漏他。」

他對一切事情都是如此地公正無私，當時雖然士大夫們對他總是恭維得很，但是，他還是依然故我，使得有能、有德者都願意歸附他，人才永不枯竭。

七十、一鼓作氣

當示無能以安之。（『晉書』宣帝紀）

西元二三七年，曾與吳王孫權通好的遼東太守公孫淵，起兵反魏，明帝認為此舉嚴重地影響了魏王朝的威信，於是命令司馬懿為統帥，討伐公孫淵。

司馬懿雖然遇到連雨綿綿，但他還是能以假裝得志的戰術，大勝叛賊。對此計畫，司馬懿曾將原委向部下說明，假裝若無其事般，使部屬皆能放心。然後故意使敵人疏於防範，再趁機一鼓作氣。

這是戰場上的一種障眼法，『孫子』曾教我們「兵不厭詐」，這種戰術的要義也就是故意欺敵，使敵人陷入圈套；而懿就是徹底地實行這種「詭道」之術的人。

在往後幾年，魏王朝所發生的權力鬥爭，他也採此法，而將敵人一舉殲滅。司馬懿能繼魏王之後建立晉朝，可見他是一個真正的開創新局者。他的伎倆用在政法上，也是極為有效的。

七十一、組織須為一精銳集團

多兵意盛，與強敵爭，倘更爲禍始。（『魏書』武帝紀）

曹操在故鄉陳留郡投下一大筆錢招募義勇兵，中平六年（西元一八九年），由於響應號召者的效命疆場，故很快地即奠立霸業。據說這第一批曹軍才只有五千名。

過了幾年，曹操突然想到當時舉兵的情形，說道：

「為了對抗董卓的暴虐，我就發起義勇軍，當時舉兵者都認為士兵愈多愈好，但我卻一心想裁兵。因為兵員多，就可能恃眾而驕，而與強者為敵，這常常是造成敗亡的主因，所以我主張裁兵政策。」

這時，袁紹和袁術也開始風起雲湧地組軍討伐董卓，他們個個都統帥眾軍，其中以曹兵最少，但卻能掌握反卓的聯軍。他當時的勢力雖小，卻因為把一族——夏侯氏組為一精銳集團，而贏得勝利。

可見組織並非愈大愈好，只重量的擴充恐怕只會得到一時的滿足，但終究非長遠之策；應有質的提升，使提高效率，才是正確的處世法則。

七十二、唇亡齒寒

蜀有重險之固，吳有三江之阻，合此二長，共爲唇齒，進可併兼天下，退可鼎足而立，此理之自然也。（『蜀書』鄧芝傳）

夷陵戰後，吳、蜀兩國欲恢復邦交，蜀派使者鄧芝前往吳國與孫權談判，會中鄧芝說：「蜀有重險之固，吳有三江之阻，合此二長，共為唇齒，進可併兼天下，退可鼎足而立，此理之自然也。」

鄧芝極力說服孫權，條理井然的道出兩國合作對吳的好處，並說吳國若向魏稱臣，所產生的危險弊端必定很多。現今所謂三國鼎立，在天下十三州中，吳、蜀其實只占四州，所以此二國若想對付魏，除了二者須有「唇亡齒寒」的共識外，在各方面皆須有榮辱與共的觀念。

孫權雖然接受了鄧芝的說服，使兩國結盟，但是，後來因為劉備發動為關羽報仇的無謀之戰，致使此次談判徒勞無功。

七十三、爭鬥中不氣餒

公以至弱當至強。若不能制，必為所乘。是天下之大機也。

（『魏書』武帝紀）

表面上看起來，曹操是一個因嚴明而勢強的人，但是他也有勢弱之時。例如，官渡激戰中，雙方死傷慘重，曹操見陣營中的兵糧相當缺乏，就寫信給守將荀彧，想和他商討是否徹回許都的計畫。荀彧卻這樣答覆曹操：「公以至弱當至強。若不能制，必為所乘。是天下之大機也。」

亦即戰爭必須具備堅毅的精神，如果此時處於贏弱之勢，敵人必然乘虛而入。其實不論任何行業，即令是在這個激辯奪取的現代社會中，也都應有這種看法。

荀彧在指出危機的同時，又說為了要使曹操恢復自信，打消撤兵的念頭。於是說：「公和袁紹為今之二雄。紹人才雖多，但卻不能運用個人專長；而公您卻武功鼎盛，威武明智，為天下人所歸附，這絕非一朝一夕所能為之的。」以此來激勵曹操，終於贏得戰績。

七十四、在上者應清廉

成都有桑八百株，薄田十五頃。子弟衣食，自有餘饒。至於臣在外任，無別調度，隨身衣食，悉仰於官。不別治生，以長尺寸。若臣死之日，不使內有餘帛，外有贏財，以負陛下。（『蜀書』諸葛亮傳）

諸葛亮在他最後一次出陣前，向蜀君劉禪上奏文道：「成都有桑八百株，薄田十五頃。子弟衣食，自有餘饒。至於臣在外任，無別調度，隨身衣食，悉仰於官。不別治生，以長尺寸。若臣死之日，不使內有餘帛，外有贏財，以負陛下。」

諸葛亮平日的確是過著簡樸的生活，不因為自己是一國的宰相，就恣意揮霍，或積蓄錢財；而是只為國政，高風亮節地過日子。

這在我們現代的官僚來說，恐怕也算少數。許多不想與世俗同流的人，反而受人排擠、唾棄，視之為異類，這種惡性循環將會使我們的後代只是習得了求生存之道，而永遠不知道生命的意義為何。

七十五、不恥下問

漢室傾頹，姦臣竊命，主上蒙塵。孤不度德量力，欲信大義於天下。而智術淺短，遂用猖獗，至于今日。然志猶未已。君謂計將安出。

（『蜀書』諸葛亮傳）

劉備在第一次和諸葛亮相見時，即道：「漢室傾頹，姦臣竊命，主上蒙塵。孤不度德量力，欲信大義於天下。而智術淺短，遂用猖獗，至于今日。然志猶未已。君謂計將安出。」當時是建安十二年（西元二〇七年），劉備四十七歲，諸葛亮二十七歲。劉備能以一個君主之尊，三次探訪藉藉無名的年輕人，且以一種謙遜的態度對待他，這不僅是諸葛亮，想必許多人都會被他的誠摯所感動的。也許劉備能留名千古即是因為他的虛懷若谷，及毫不矯情的態度吧！

孔子也勸我們求學要有不恥下問的精神，因為地位或學識比你低的，不見得沒有超出你的地方，例如，可能你是音樂天才，但在法律或政治方面就一竅不通了。我們要使自己日新又新，就要時時抱著一顆學習的心，永遠讓自己不自矜，以為自己是處於歸零狀態，才能不斷地吸收精華，汲取萬般智慧。

七十六、群龍無首，必敗

早定大計，莫用眾人之議也。（『吳書』魯肅傳）

在赤壁之戰時，孫權曾對魯肅說：「早定大計，莫用眾人之議也。」魯肅卻答道：「但為何一定非戰不可呢？」孫權一聽魯肅所言，誤以為魯肅有降敵之意，故魯肅忙答道：「若我投降，則曹操必會遣我還鄉，讓我任地方巡官，與文人相交，也許日後我能當個一郡之長也不一定。但是我絕不會這樣做，因為我知道一旦我歸順了曹軍，江南必定不保，連個棲身之處都沒有。」

魯肅的話應用到我們現代社會也是極受用的。那就是即使一家公司破產了，也還會有其他公司雇用我們的，如果你原只是個小職員，而能恪盡職守，終有一天會晉升為幹部的。但若你原為一高級幹部，則恐怕會成為別人提防的對象。

當我們在決定組織方向時，不僅要採多數人的意見，且要公平客觀地做事，有時可能仍會遭到不小的壓力，但是只要克服了，則能雨過天晴的。

七十七、驕兵必敗

蓋救亂誅暴，謂之義兵。恃眾憑強，謂之驕兵。兵義無敵，驕者先滅。

（『魏書』袁紹傳）

當袁紹攻曹操時，袁紹的部下沮授曾諫言：「蓋救亂誅暴，謂之『義兵』。恃眾憑強，謂之『驕兵』。兵義無敵，驕者先滅。」

袁紹因為自己的兵力很強，所以認為定能勝曹軍，也就沒有採納沮授的建議，繼續率兵向南征討。很快地，官渡之戰就此展開，果如沮授所言，袁軍恃眾而驕，致使情勢逆轉，曹兵以寡擊眾，不負大義之名，而取得勝利。

其實，不只在戰場上，在我們日常生活中也應該切記勿驕矜，所謂「滿招損，謙受益」，就是這個道理。

不要因為自己一時處於優勢，就得意洋洋地以為局勢已經穩定，一切都不會再有更改了，其實，世事變化莫測，俗話說：「天有不測風雲，人有旦夕禍福」，一旦危機四伏，可就跳脫不了了。

七十八、莠草須拔除

狼子不可養，後必為害。曹公不即除之，自取大患，乃議徙都。今豈可生。

（『蜀書』關羽傳）

吳、魏兩軍夾擊蜀軍，關羽在雙方重重包圍下被捉，此時，孫權在考慮劉備與曹操戰力下，主張不殺關羽，但是他的左右大臣皆道：「狼子不可養，後必為害。曹公不即除之，自取大患，乃議徙都，今豈可生。」

孫權一聽臣下之言，在深思後也覺得有理，就斬殺關羽。這是建安二十四年（西元二一九年）的事。

孫權臣下的顧慮很對，俗話說：「野火燒不盡，春風吹又生。」很多事情都是由小見大的，譬如習慣性的小毛病，久而久之，可能根深蒂固地成為一個揮之不去的惡習；也可能使得一個小洞在不加修補的情況下，漸漸侵蝕而變成一個無法彌補的大坑。所以處事不可不慎哪！

七十九、維護己之權威

特當借君死以厭眾。不然事不解。（『魏書』武帝紀）

曹操在出兵討賊時，對兵糧短缺之事極為掛慮，所以，他偷偷地叫守糧者，告訴他如何處理糧食。

該士兵卻不意中走漏了消息，使得將兵間傳出了曹操騙士兵的說法，曹操只好喚出守糧者，說道：「為了使兵士們皆能諒解，你必須死。」所以，就將守糧者的罪狀告示出——此人利用小升斗盜軍庫的糧食，故須問斬。

曹操的詐術如此殘酷，致使其臣下皆不敢有貳心，這種殺雞儆猴的方式，真是相當有效。

一個有權威的人，為了維護自己的權力或組織，也應採此法。大家一有了依歸或範例，絕對會因而起警惕作用，使自己能心存戒心，不任意妄行。

八十、歷史是一面明鏡

徒見曩者之易，未覩當今之難。（『魏書』武帝紀）

漢中平五年（西元一八八年），曾有一樁逼漢靈帝退位，擁立皇族合肥侯的計畫，曹操此次亦被邀而參加，但他卻加以婉拒。其拒絕的理由是：

「皇帝的廢立，對天下來說，並非理想之策，而且若光考慮成功率，即使有勝算的把握，仍須考量利害得失。例如伊尹與霍光就是這種有遠慮的人，你們都已看到成功的先例，應可自我省思，看自己是否真的團結？而合肥侯是不是值得擁戴？以目前的情勢來看，應該可以成功，但是會不會太勉強呢？」

伊尹是殷商的宰相，霍光是西漢的將軍，他們皆能輔佐君主順利地完成接替傳承。猶如曹操所言，非法武裝陣兵在沒有完整的規範下終歸要失敗的。

我們可以把他人的成敗，當作自己行事的殷鑑，歷史的例子如此多，若不能拿來效法或惕勵自己，則那些用文字記載下來的事件也就沒有價值了。所以，我們應該當作教訓，不要重蹈覆轍才是。

八十一、運籌帷幄反敗為勝

子遠，卿來，吾事濟矣。（『魏書』武帝紀）

子遠為許攸的字，在官渡之戰時，他擔任袁軍參謀，因為不斷有變通的策略，終於大敗敵方。後來許攸投靠曹操，曹操一聽許攸要降於己，不顧袒胸即出迎，並且拍著許攸的手，笑容滿面地說：「子遠，卿來，吾事濟矣。」

從開戰起至今半年，因為兵援及糧食的缺乏而飽受煎熬的曹操，在毫無希望的窘困情況下，居然還有人降服於他，當然會得意而忘了自己袒胸了。

當天夜裡，曹操接受許攸的建議，率兵襲擊袁紹軍營，他的目標是約一萬輛的敵軍糧車，因為沒有足夠的兵糧，所以他劫了對方的米糧後，劣勢因之大轉，使他能完成雄據北方的宏願。

手中的棋要如何下，得看自己如何運籌帷幄了，曹操能如此判斷，使他扭轉乾坤，得到勝利，實在不愧是曹操。

八十二、置之死地而後生

投死爲國，以義滅身，足垂於後。（『魏書』武帝紀）

官渡決戰中，袁紹軍約有十多萬，與他對峙的曹軍有一萬，在軍力十倍的差距下，可以很明顯地看出勝敗。所以若想由弱轉強，則完全得靠技巧了。

在激戰中，曹操常一馬當先，在第一線指揮作戰，鼓勵士兵一定要得勝。幾年後，他回想道：「投死為國，以義滅身，足垂於後。」

這是他當時的心境，也因他能如此想，所以才贏得勝利。

曹操的勝利確實也可說是幸運，但誠如前面所說的一樣，只要得失之心不重，無慾、無望，能維持這種心境，就能卸下內心的壓力，也可以說就已經勝利了一半了。

有一首歌的歌詞這麼說：「不要只想到勝利，一想就會失敗。」可說是這個故事很好的詮釋。

八十三、人無遠慮必有近憂

（『晉書』宣帝紀）

駑馬戀短豆。

笨魚看到眼前的餌，會立刻上鈎，這種原理用於戰略上也極有效。如才八歲就即位的魏第三代皇帝曹芳，由司馬懿及大將軍曹爽輔政，年輕的曹爽以父視懿，對司馬懿畢恭畢敬，從不敢有犯上的念頭。但是，曹爽的部下對曹爽事事屈於司馬懿之下頗看不過去，於是有人計劃要打垮司馬懿。

當雙方激戰達白熱化時，有一個智囊桓範的人，跑到曹爽那兒，部下紛紛報告司馬懿這個消息，但司馬懿卻若無其事地說：「駑馬戀短豆。」這場爭鬥中，曹爽一直處於優勢，但最後他卻跳不出老奸巨滑的司馬懿之手。因為司馬懿善用計謀，這次他假裝迂腐的態度，就是一種「韜晦戰術」，曹爽和桓範最後被殺，就是中了司馬懿的圈套。

所以，在對整件事尚未完全明瞭的狀況下，不要隨意判斷，有時可能只是一種假象，必須明察秋毫，寧可戰戰兢兢地處理，也不要因為一時的大意而換來無可彌補的損失。

八十四、洞察機先

夫劉備，人傑也。今不擊，必為後患。（『魏書』武帝紀）

建安五年（西元二〇〇年），曹軍正與袁軍對峙，此時，徐州傳來兵變消息，劉備起義叛曹，曹操正想親征，但諸將急忙勸誡曹操：「和我軍爭天下的是袁軍，而此時正是雙方交戰時刻，如果我們現在棄而不顧就忙去徐州平亂，袁紹一定會乘機予我們一擊的，千萬不可大意呀！」

曹操卻告訴諸將：「夫劉備，人傑也。今不擊，必為後患。」由此可見，和劉備比較下，袁紹實非一難纏對手，曹操認為只要正面防袁軍即可。

曹操在東征攻打蜀國中，把蜀軍打得落花流水，劉備不幸敗北，妻子被俘，關羽被捉，此時，一切情勢都在曹操的掌握中，袁紹卻苦苦無法有任何行動。

一個領導者，絕對要能洞察機先，知道手中的棋子如何下手才能爭取最好的結果。當順序已定，就不要再朝令夕改，因為這樣不但使部下無所適從，也使自己在舉棋不定下無法致勝。

八十五、重個人操守

縛虎不得不急也。

（『魏書』呂布傳）

呂布是董卓的義子，他是個極英勇的將才，有「飛將軍」之稱，但遺憾的是，他卻沒有操守，常遭人唾棄。所以，與曹操之戰，最後被部下活捉。

呂布被縛到曹操跟前時，用極微弱的聲音說：「繩子綁得這麼緊，何不稍微放鬆些。」

曹操聽了大笑「縛虎不得不急也。」呂布以為曹操也認為自己是勇武之人，但是站在一旁的劉備看了卻道：「曹公是如何對待丁原及董卓的，你難道都忘了？」曹操定了一下才回過神來，便命令部下將呂布斬首。

呂布是一個輕佻狂妄之徒，性格反覆無常，所以他終究會叛亂的，不過為了眼前的利益，他就如此顧不得操守，真是枉費了一個英才。

一個有作為的人，不只是有高明的智慧，也要有一貫堅持的操守。一般人不免

「笑貧不笑娼」，實在是很不健康的想法；我們的社會常教我們如何做大官而非做大事，更是教育的失敗。

要知道，要有美好的明天，必須家庭、社會、學校三方面的教育都能完全兼顧且結合，才能塑造出一棵棵頂天立地的青木。

八十六、領導者的智慧

秦始皇・漢孝武之儔，才具微不及耳。（『魏書』明帝紀）

魏明帝本名曹叡，是文帝曹丕與甄后之子。明帝一生下來就極受祖父曹操的寵愛，曹操曾對他說：「接替我的位子的，就非你莫屬了。」

後來，文帝被命為嗣子，在文帝臨死前，甄后曾觸怒文帝，而發生了甄后被殺事件。

這件事朝臣始終無法了解實情，他們很想知道明帝的為人，就派了一位皇上親近的武官劉曄與明帝每日親近詳談，當劉曄退出時，群臣紛紛問他如何，他答道：「秦始皇、漢孝武之儔，才具微不及耳。」

諸葛亮在五次北伐中皆失利，就是因為對手司馬懿採持久戰所致，這全是明帝的指示，也正是劉曄判斷明帝為名君的部份證明。明帝在三十歲就英年早逝，很是可惜。我們由這故事來看，一個後繼者的智慧，實在是不容忽視的。

八十七、識時務者為俊傑

儒生俗士，豈識時務。識時務者在乎俊傑。（『蜀書』諸葛亮傳）

所謂「識時務」，就是了解自己此時該做些什麼。

劉備在投靠荊州劉表時，因處戰亂，所以各路英雄豪傑群集。劉備因有「髀肉之嘆」，因此，一直在尋找才俊之士。

有一天，他得知有一個叫水鏡（司馬徽）先生的人，劉備馬上拜訪他，與他商討天下大事。水鏡先生說：「儒生俗士，豈識時務。識時務者在乎俊傑。」又說：「伏龍、鳳雛為深藏不露之人。」

此時，劉備才發現尚有諸葛亮及龐統此二人。

處於亂世，必須掌握住目前的情勢，若無法如此，就會令你走向滅亡之途。劉備因為能了解自己的處境，所以在用人得當下，終使他奪得荊州以為根據。

八十八、詐騙之術

公畏蜀如虎。奈天下笑何。（『蜀書』諸葛亮傳）

西元二三一年，諸葛亮與司馬懿對陣，原來魏軍是由大司馬曹真所統率，但因他途中突然病倒，故改由司馬懿指揮，與諸葛亮作戰。當時，在前線的司馬懿一遇敵軍總想逃避，所以，他想出調虎離山之計，先由敵軍要塞攻入再追殺之，然後折兵而回，退後再追。如此反覆地迂迴作戰，絕不直接使兩軍正面交戰。

一些部將對新任統帥尚無法了解，於是在打得精疲力竭之際，便集合起來問懿道：「公畏蜀如虎，奈天下笑何？」

這些部將都認為這位新上任的將領，是故意展示他的新作風的，但他們卻認為司馬懿很怯弱，所以才對他冷言相譏。然而司馬懿最得意之法就是佯裝之術，他引對方作長期戰，在有必要時，他還能若無其事地去詐騙對方。這種不畏懼世間的冷嘲熱諷，實在是一個厲害人物。

八十九、勿濫用私情

兵勢一交，不得卒解也。

（『蜀書』趙雲傳）

劉備過了六十大關時，認為自己老之將至，所以他一直有攻吳為關羽報仇的心願。老將趙雲看了，曾建議道：「當今的國賊為曹操而非孫權，而且在滅魏前，吳國對我們始終會畢恭畢敬的。在魏國方面，曹操已病危，而曹丕為其承續者，也是要篡漢位的，所以我們應進兵關中，平定河水、渭水上游後，即可討伐逆賊。如此一來，有心人士或好勇之人必定會來投靠你的。吳就讓他苟延一段時日吧！吳的事可暫時不理，若現在與吳作戰，則將使情勢轉劣。」

但是，劉備不但不採納趙雲的建議，甚至將趙雲的軍隊撤走，自己親自領兵討吳，結果失敗。趙雲認為劉備是為一己之私情而萌生討吳念頭，但由於沒有顧全大局，所以致使自己差點惹來殺身之禍。

一個領導者必須公私分明，更不可義氣用事，要有「犧牲小我，完成大我」的精神，為國家利益著想，才是長遠之策。

九十、公私分明

孤負黃權。權不負孤也。（『蜀書』黃權傳）

當劉備出陣替關羽報仇時，黃權曾向劉備諫言：「聽說吳軍在戰術上很高明，而且我國的水兵水準向來不佳，攻入容易撤退難，所以請您讓我率隊為先鋒，而陛下您只要尾隨而進即可。」

但劉備並不聽他的話，命黃權在江北禦魏，自己向江南討伐吳國。戰中，劉備所率的軍隊被迫撤退，而黃權的軍隊卻在回途中被攔劫，於是他在歸不得的情況下，只好投降了。這消息很快地傳至蜀國，蜀的法吏立刻判黃權全家抄斬，當法吏向劉備申請許可時，劉備卻說：「是我不聽黃權的意見，才有今天的惡果。孤負黃權，權不負孤也。」

劉備赦免黃權全家，這實在是對黃家的禮遇。經過這場潰敗之戰，劉備終於了解到理應公私分明，凡事定要以國家為前提，不可一意孤行，不知變通。

九十一、明智的判斷

吾能料生，不便料死也。

（『蜀書』諸葛亮傳）

在五丈原之戰中，諸葛亮病逝，蜀軍撤退，不知情的司馬懿依然窮追不捨，蜀軍故意製造反擊的強大聲勢，魏軍看見鐵蹄密集，所以就撤而不追了，一些地方之士紳見狀皆道：「死諸葛走生仲達。」

後來司馬懿常自嘲地說：「吾能料生，不便料死也。」

一個人到了走投無路時，絕無法料到自己將會採何種方式來脫身的。司馬懿當時覺得事有蹊蹺原不想再追了，但怕被部下認為懦弱，不得不繼續追下去。

其實，有時候應該有洞悉力，沒有萬全之策而做無謂的犧牲是非常可惜的，因為當一個人被逼得走投無路時，他如何「置之死地而後生」呢！他當然會不擇手段以求保全，所以，可能就會不按牌理出牌了。這一點司馬懿並未做出明智的判斷，只能感嘆：「諸葛亮乃天下奇才也。」

九十二、忠貞不貳

敗軍之將，免死為幸。何古人之可慕也。（『蜀書』黃權傳）

在夷陵戰後，蜀的根據地被殲滅，撤退至別處的黃權只有投降。魏文帝立刻召見黃權道：「蜀之壽命將盡，你是不是也能像陳平、韓信一樣效忠於我呢？」

陳平和韓信皆為漢室創業的功臣，最初都是項羽底下的人，因為不受重用，所以投靠劉邦，而成就了一番功業。黃權在聽了魏文帝的話後，說：「我從我主上處得到極優厚待遇，雖然現在我歸服魏，但這是在不得已的情況下決定的，加上我又不屑於降吳，今我為敗軍之將，免死為幸。何古人之可慕也。」

黃權雖然得到文帝的禮遇，在魏任官，但他卻依然不改對劉備的敬仰之情，劉備病逝的消息傳到魏國時，所有魏朝的文武百官都紛紛相賀，惟黃權一人默默低泣。

在現代社會中，這種人與人間的信義關係，已不復多見了，大家常常是基於利才互相幫助，等到無利可圖時，就六親不認了。一些親友平日並不常見面，一旦相見，可能是在爭遺產繼承權時，這是多麼可悲的現代人呀！

九十三、一切成敗全在領導者的指揮

臣明不知人，恤事多闇。春秋責帥、臣職是當。（『蜀書』諸葛亮傳）

在「揮淚斬馬謖」之後，諸葛亮傷痛之餘，上奏劉禪自請處分，奏文上說道：「臣明不知人，恤事多闇。春秋責帥，臣職是當。」（語出『春秋』－孔子著之史書），大意為「一軍之成敗全賴領導者的指揮，而我今天錯看了人，故當處分。」他並提出降階三級的要求。

馬謖失敗之因，據說是因為違背諸葛亮的命令，由此點看來，諸葛亮實在不必攬責於身，但因諸葛亮對馬謖的評價過高，屢次拔擢馬謖，所以事情發生後，他認為自己錯看了人。

當部下犯了錯時，如果只懲戒當事者，並不能解決真正的問題，所謂「上樑不正下樑歪」，當一個人犯下滔天大罪時，可能他周圍的環境，包括人、事、物，都比他本人還要敗劣呢。所以，我們應該多面性地看事情，而不要隨便下判斷。

九十四、小勢力的處身之道

兵者凶事，不可爲首。今宜往視他州，有發動者，然後和之。

（『魏書』武帝紀）

初平元年（西元一九〇年），各地掀起反董卓熱潮。袁紹、曹操、袁術等大人物蜂擁而起，其中有些豪俠之士正在猶豫該投於董卓或袁術手下時，位於黃河以北，據冀州之地，有一名叫韓馥的人，請謀臣配下來商議這件事。

配下說道：「現在既不必投於紹也不必投於卓。」又道：「兵者凶事，不可為首。今宜往視他州，有發動者，然後和之。」

韓馥聽取配下的意見，結合了其他小勢力，就要舉兵攻打，派人送信給袁紹。

對一個小勢力來說，要在亂世中苟存實在不容易，要冠絕群倫更是難上加難，這必須有一顆智慧的頭惱，外加堅毅的精神，才能為之的。

九十五、患難之交

先主與二人寢則同床，恩若兄弟。而稠人廣坐，侍立終日，隨先主周旋，不避艱險。

（『蜀書』關羽傳）

劉備與張飛、關羽曾義結金蘭，這就是著名的「桃園三結義」，當然，這並沒有史實根據，有一段並且是虛構的故事。

據說劉備將關羽、張飛視如自己兄弟，三人常共枕眠，親密的關係不同一般君臣。只有在論及公事時才會嚴謹地對待，有一句話是形容他們之間的友誼的：

「先主與二人寢則同床，恩若兄弟。而稠人廣坐，侍立終日，隨先主周旋，不避艱險。」

「萬事起頭難」，與我們同甘共苦創業的患難之交，即使今天我們顯達了，也不要忘了這一批真正的朋友，因為只有在患難中才能得見真情，這才是值得生死相許的知交啊！

九十六、寧為雞首，不為牛後

紹強盛，我以少眾從之，必不以我爲重；曹公眾弱，其得我必喜。

（『魏書』賈詡傳）

袁紹與曹操兩軍交戰前，都各呼群雄加入自己的軍隊，其中有一個叫張繡的人，原與曹操敵對，所以正打算投效袁紹時，他的參謀賈詡卻主張應加入曹軍之列，理由有三，其二為：「紹強盛，我以少眾從之，必不以我為重；曹公眾弱，其得我必喜。」也就是，絕不投靠看來會勝的一方，應該要找一個需要你的地方，否則你白忙一場，恐怕得不償失。

另外理由一為，曹操奉為天子，第三為曹操有霸王的志向，對於過去的私怨，有化解的器量。

賈詡幾經思考，選擇投靠曹操，曹操大喜相迎，並委以重要職務及禮遇。

當我們找工作時，也同樣不應該事事以利為先，一個只能牟取高利的地方，若學不到其他事或使你英雄無用武之地的話，是不值得久留的，因為那只會折喪你的鬥志及操守罷了。

九十七、在沒有時間中找時間

常以朝晡聽事，其間接納賓客，飲食嬉戲。加之博奕，每盡人之，歡，事亦不廢。（『蜀書』費禕傳）

經常一面吃飯一面處理政務，找空間來接見賓客的蜀官費禕，是諸葛亮後的第一人選，因為他不但善於利用時間，而且又有非凡的判斷力。當他在裁決文書時，通常先瀏覽一遍，仔細玩味其內容，才開始裁決，而且能過目不忘。

當時，蜀正處戰亂中，公務極其繁忙，但是費禕依然能很悠閒地處理政務，甚至還能與部下從容地築方城之戰，享受人生，他的一生「常以朝晡聽事，其間接納賓客，飲食嬉戲。加之博奕，每盡人之，歡，事亦不廢。」

我們常聽人感嘆沒有時間，事實上，別人能在二十四小時解決的事，我們也一樣可以的，只是自己不會利用時間罷了，只要每天多抽五分鐘來做做有意義的事，一年也就可找回整整一個月的時間了，這最大的樂處還不在於時間的找回，而是因此使自己更加充實，何樂而不為呢？

九十八、推理有限

此縣危，不如安從坦道，可以平取隴右，十全必克而無虞。

（『蜀書』魏延傳）

有人稱諸葛亮為「鬼謀軍師」，也有人稱他「軍事天才」，但是他的謀略究竟有多高明呢？我們由他作戰時，經常能穩健地攻擊對方，但卻始終沒有明顯的成敗來看，無怪乎有人會如此說道：「諸葛亮不是一個能隨機應變的人。」

當諸葛亮北伐魏之前，守將魏延曾建議採長安奇襲戰術，但諸葛亮卻答道：「此縣危，不如安從坦道，可以平取隴右，十全必克而無虞。」魏延之策未被採用，所以魏延曾批評諸葛亮為膽怯之人。

諸葛亮乃一介書生，並非戰略家，其戰略是靠推理而不是靠經驗及直覺的，所以他無法隨機應變。可見邏輯的推論固然有理，但還是有其界限的，我們應該由經驗中汲取教訓，好的繼續保持，不良的就將它捨去，以期蘊釀出一個個優秀的人才來。

九十九、一視同仁

孫武所以能制勝於天下者，用法明也。是以楊干亂法，魏降戮其僕。四海分裂，兵交方始，若復廢法，何用討賊邪。

（『蜀書』馬謖傳）

馬謖被處死之後，從成都來到諸葛亮身邊的丞相府副總管蔣琬道：「天下還處於動盪不安的狀態，殺了智謀之士豈不可惜？」說完，諸葛亮即淚流滿面道：「孫武所以能制勝於天下者，用法明也。是以楊干亂法，魏降戮其僕。四海分裂，兵交方始，若復廢法，何用討賊邪。」

有地位或能力者，必須能嚴刑重賞，才能得人服人，而且必須確實遵守，不可有所偏頗。諸葛亮對自己賞識的人能忍痛斬之，實屬難得。

我們對部下應一視同仁，這樣大家才能為組織效力，使組織在一定的規範下運作自如，發揮最大的功效。

一〇〇、選賢與能

若理窮力屈，禍敗必及，便當父子君臣背城一戰，同死社稷，以見先帝可也。

（『蜀書』後主傳）

蜀滅亡是在西元二六三年。在被魏將鄧艾的大軍攻擊下，後主劉禪雖然不戰而降，但其子劉諶卻極力反對，他對劉禪道：「若理窮力屈，禍敗必及，便當父子君臣背城一戰，同死社稷，以見先帝可也。」但是劉禪並不聽。

劉諶見狀，便哭倒在祖父劉備墓前，先殺了妻子再自刎，其左右侍衛皆含淚悼念其死。劉諶的精神可說完全得自其祖父劉備，只是他生不逢時，而輕易地犧牲了自己。

劉禪是一個庸才，地位雖在萬人之上，但卻毫無治國的能力，國家的安危交於這種人的手中，怎不令人耽憂呢？

現在幾乎每年都有公務人員的選舉，當我們要投下神聖的一票時，不可以因為那個人給的賄賂多，就投給誰。一個有能力的人，他的政見定能一針見血，以大多數人的利益為前提，如此就不失為一個好的候選人，我們應以雪亮的眼睛，選賢與能，這才是最重要的。

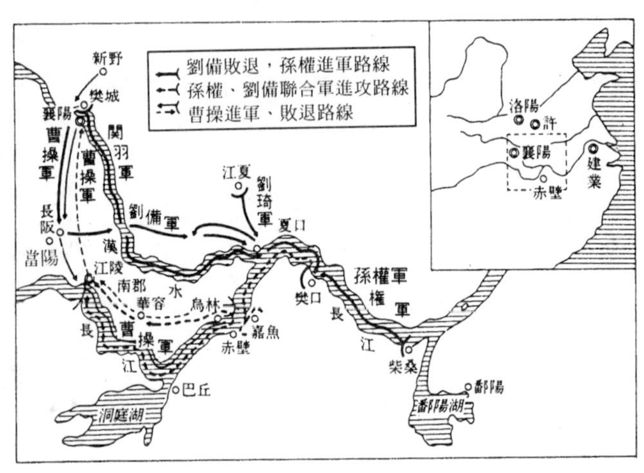

赤壁之戰的戰略圖

小常識②

赤壁之戰

西元二〇八年，曹操、孫權、劉備三軍相爭，形成幾場大戰，赤壁之戰為『三國志』中最大的戰役，此際也粉碎了曹操統一天下的美夢，使三國鼎立之勢趨於穩定。

此戰中最有貢獻者為吳的老將黃蓋，他假造降書，使曹操信以為真，於是以火攻曹操軍船，大敗曹軍。據說，為了對付猜疑心極重的曹操，黃蓋與周瑜還表演了一場「苦肉計」。

「周瑜打黃蓋，一個願打，一個願挨。」的典故即由此而來。

一〇一、婚禮喪儀、適可而止

天下尚未安定，未得遵古也。葬畢皆除服，其將兵屯戍者，皆不得離屯部，有司各率乃職。斂以時服，無藏金玉珍寶。（『魏書』武帝紀）

建業二十五年（西元二二〇年），曹操死於都洛陽城，享年六十六歲。曹操的遺言中有一節是這樣的：「天下尚未安定，未得遵古也。葬畢皆除服，其將兵屯戍者，皆不得離屯部，有司各率乃職。斂以時服，無藏金玉珍寶。」

曹操認為一般的結婚儀式和葬禮都過分奢侈，故常常批評。對於葬禮，他這樣批評著：「太過喧鬧，給死者穿上層層衣服，除了麻煩外，沒有任何幫助，現在的習俗實在太奢靡了。」

曹操身為一國領袖，能有此番見地實在可喜，縱使他是一個重才不重德的人，但就此點來說，實在是一個很有智慧的領導者。

我們經常看到人家大宴賓客，滿漢全席的，其實不論慶祝什麼，都應該適可而止，過分鋪張浪費不但傷財、傷神，也賠了時間，這有什麼好的呢？

一〇二、信賞必罰

亮使馬謖督諸軍在前，與郃戰于街亭。謖違亮節度，舉動失宜，大爲郃所破。亮拔西縣千餘家，還餘漢中，戮謖以謝眾。（『蜀書』諸葛亮傳）

建興六年（西元二二八年），諸葛亮出兵伐魏，一戰即敗，主要是因為任統帥的馬謖違背諸葛亮的命令，出師不利，敗給了魏將張郃。

諸葛亮極愛惜俊才，稱馬謖「才氣過人，但不擅軍計。」他常與馬謖徹夜長談天下大事，但儘管馬謖是他的愛將，一旦犯了大錯，還是得接受軍法問斬，這是很令全軍訝異的。有一句話形容諸葛亮：「揮淚斬馬謖」，後世皆引為信賞必罰的例子。

當下位者有能力，且將事情做得極穩當時，理應給予鼓勵，不僅是物質上的，精神上的關懷也很重要。而若犯了大錯，則應按一定規範來處理，不可姑息苟安，如此才不會為社會製造一群廢物、一堆垃圾。

一〇三、說服人的技巧

劉予州王室之胄，英才蓋世，眾士慕仰，若水之歸海，若事之不濟，此乃天也。安能復爲之下乎。（『蜀書』諸葛亮傳）

諸葛亮在見了孫權後，勸孫權和曹操決戰，他首先說道：「趁早武裝為曹之臣下，雖為上策，但……」諸葛亮故意用相反的口吻說：「若照你這樣做，那麼劉備去降服曹操是否也可以？」孫權道：「劉予州王室之胄，英才蓋世，眾士慕仰，若水之歸海，若事之不濟，此乃天也。安能復為之下乎。」

諸葛亮這話可說是故意刺激孫權的自尊心，燃起競爭意識的火藥，所以，赤壁之戰於焉展開。

如果要以面對面的方式說服別人，的確不易，所以，說客必須善用技巧，若能使對方自動地按你的意思做，則會非常完滿。

一〇四、體恤在上位者的苦衷

明公視謖猶子，謖視明公猶父，願深惟殛鯀興禹之義，使平生之交不虧於此，謖雖死無恨於黃壤也。

（『蜀書』馬謖傳）

因為街亭失陷而被處死的馬謖，臨死前上書給諸葛亮道：「明公視謖猶子，謖視明公猶父，願深惟殛鯀興禹之義，使平生之交不虧於此，謖雖死無恨於黃壤也。」書簡上流露出對諸葛亮苦衷的體恤之情。

當一個領導者發現他的部下犯錯而仍須秉公處理時，當然會心如刀割，更何況是對自己鍾愛的部將。而很慶幸的，馬謖他也能不負諸葛亮對他的情義，真是最崇高的君臣之交啊！

太古時代，舜要鯀治理洪水，鯀用圍堵方式修了幾年也不見改善，舜就將鯀斬了。其後，又要鯀的兒子禹來治理洪水氾濫的問題，此次禹改用疏導的方式，終於成功地治理洪水之患。舜爾後又將王位讓於禹。

諸葛亮與舜都是深明大義的人，能不濫用私情，堅守原則，實在是不失為一個在上位者的風範，但有領導者的公平，也要加上部屬能體恤上司的苦心，才是最恰當的。

一〇五、剛直的態度

陛下不以臣不肖，置之左右，廁之謀議之官。安得不與臣議邪。臣所言非私也。乃社稷之慮也。

（『魏書』辛毗傳）

以下是魏文帝與「剛直之士」辛毗的一段故事。

魏文帝曹丕在實行某項政策時，由於並不妥切，所以臣下們皆不表示贊同，但卻彼此默默不言。唯獨辛毗很大膽地說出自己相反的意見，文帝一聽，大為憤怒，罵道：「你懂什麼？」

辛毗道：「陛下不以臣不肖，置之左右，廁之謀議之官。安得不與臣議邪。臣所言非私也。乃社稷之慮也。」

文帝聽了，轉身就要下殿，辛毗仍緊追不捨，抓著文帝的皇袍想繼續說，充分顯示了他的剛直性格。

在現今社會裡，也許還沒有人敢苦口婆心地上諫呢！其實，只要有一顆為國為民的心，出發點都是為大家的利益著想的話，那麼即使是犯上，一個有氣量的領導者也一定會給予嘉勉的。

一〇六、處變不驚

備不曉兵。豈有七百里營可以拒敵者乎。苞原隰險阻而爲軍者爲敵所擒。此兵忌也。孫權上事今至矣。

（『魏書』文帝紀）

在夷陵之戰時，魏的部將始終在看了情勢有變化後向文帝報告戰局，其中有一段是述及劉軍的：「劉備的軍隊在距長江約七百里處駐紮。」一聽到此報告，文帝馬上告訴部將：「備不曉兵。豈有七百里營可以拒敵者乎。苞原隰險阻而為軍者為敵所擒。此兵忌也。孫權上事今至矣。」

孫權沒多久即得到捷報，七天後，劉備真如文帝所言，由於他一心一意想為關羽報仇，故失去平常心，打仗只憑一股怒氣，而沒有思前顧後，以致於潰不成軍。

一個領導者的決定關係著眾多人的安危，是不應大意的，作戰時若不能冷靜地應付自己面對的事，則一定會失敗。能成就大事的人，遇到危難也能處之泰然，謹慎地按計畫執行，我們應當明瞭這點才是。

一〇七、人才之教育

方欲興風俗，長道業，不美其譚即聲名不足慕企。不足慕企而爲善者少矣。

（『蜀書』龐統傳）

龐統對人才以「鳳雛」稱之，有人卻認為他常有高估人的嫌疑，所以以此詢問他。龐統答道：「現天下方亂，法紀無存，善少而惡眾，方欲興風俗，長道業，不美其譚即聲名不足慕企。不足慕企而為善者少矣。」

據說龐統對培養後進極為熱心，始終採愛的教育來待後起之秀，絕不是用教條訓練出一批聽話的高手。

教育乃一大事業，一國的盛衰與其教育有很密切的關係，過去我們常在智育上打轉，升學的壓力促使每一個青年都成為考試高手，整天只知道應付一張張無情冰冷的試卷，而不知道這小圈子以外的事，我們若想擁有更美好、更進步的明天，就應該在教育上做到五育並重，使每一個國民都能更加提高知識水準，為國家的未來而努力。

一〇八、嫁禍之計

於國家大計未有所損，而便遷都，既示敵以弱，又，淮、沔之人大不安矣。

（『晉書』宣帝紀）

司馬懿常向曹操獻計，以下的故事為其中一段。

當時據荊州的關羽，勢力愈來愈強，所以就把目標轉移到附近的都城，而原本曹操對關羽就是又敬又懼的，此時更喪失了沈著心，正想將都邑遷至黃河以北時，司馬懿對他說道：「於國家大計未有所損，而便遷都，既示敵以弱，又淮、沔之人大不安矣。」

由於孫權對關羽的擴張也倍感威脅，故司馬懿提出不如慫恿孫權襲羽之後，結果兩軍在合作無間下，終於取得勝利，危機解除。吳活捉關羽，而魏也免遷都之患。

當劉備得知關羽死於吳人之手，馬上就要御駕親征，此時獻計的司馬懿奸計已達，暗笑不已。吳受魏的嫁禍，應是原先料想不到的吧！

一〇九、以逸待勞

但堅壁拒守以挫其鋒。彼進不得志，退無與戰，久停則糧盡。虜略無所獲，則必走矣。走而追之，以逸待勞，全勝之道也。（『魏書』明帝紀）

魏明帝在五丈原與諸葛亮對峙時，曾下詔書給司馬懿道：「但堅壁拒守以挫其鋒。彼進不得志，退無與戰，久停則糧盡。虜略無所獲，則必走矣。走而追之，以逸待勞，全勝之道也。」

這是當司馬懿收到諸葛亮所贈之「巾幗」時，全軍皆怒不可言。明帝恐此將對己不利，故命辛毗帶一信至司馬懿處，以穩定軍情。

明帝信中的「以逸待勞」，是出於『孫子兵法』的軍爭篇，為兵家常用之法。戰爭時最怕的是持久戰，因為兵力及軍糧都會大量消耗，若沒有萬全之策，很可能會不勝負荷，終致失敗。能平時不忘戰時，相信勝利必指日可待。

一一〇、循名責實

善無微而不賞，惡無纖而不貶。庶事精練，物理其本。循名責實，虛偽不齒。終於邦城之內，咸畏而愛之。刑政雖峻而無怨者。以其用心平而勸戒明也。

（『蜀書』諸葛亮傳）

陳壽認為諸葛亮為古今名相，其中一段評語為：「善無微而不賞，惡無纖而不貶。庶事精練，物理其本。循名責實，虛偽不齒。終於邦城之內，咸畏而愛之。刑政雖峻而無怨者。以其用心平而勸戒明也。」

諸葛亮所以受部下敬愛，也就是因他能事事考慮周詳，絕不有所偏頗，而且信賞必罰，循名責實，所以縱使法令嚴峻，也未生民怨。

可見一個優秀的領導者，並不是事事都要討好部屬，也不是利用高壓政策來牽制部屬，而是能凡事公平、公正。如果為政者以這種態度來治理政事，那麼，絕對會是個受人民愛戴的領袖。

一一、天與不取

袁公路豈憂國忘家者邪。冢中枯骨，何足介意。今日之事，百姓與能。天與不取，悔不可追。

（『蜀書』先主傳）

劉備在舉兵之初，曾跟隨據於徐州的陶謙，陶謙對於小自己三十多歲的劉備極其垂愛。故當陶謙在彌留之際，就對劉備說：「能讓我託付徐州之地者，唯你一人耳。」

但劉備以自己無法勝任而婉辭，並推薦當時據守壽春之地的袁術給陶謙。

關於此點，當時的名士孔融卻道：

「袁公路豈憂國忘家者邪。冢中枯骨，何足介意。今日之事，百姓與能。天與不取，悔不可追。」

劉備一聽孔融所言，也就立刻接受了徐州之地。

由此顯示，劉備並不是一個慾望很強的人，當有人要拱手將天下讓與他時，他居然還能無動於衷，並謙虛地表示自己能力不足，而轉送給別人，實在無愧於「賢德之人」的雅號。

現代社會中，由於競爭相當激烈，每一個人都想盡辦法為自己的前途打算，甚至犧牲別人亦在所不惜。如此野心家愈來愈放縱，一不小心就會使自己災禍連連。

如此的社會恐怕不再有「害人之心不可有」，而是每個人堅守著「防人之心不可無」的觀念，步步為營地與人相交，否則只會使自己瀕臨絕境，不但做了無畏的犧牲，而且沒有人會有一聲惋惜的。

一一二、勿錯失良機

今迎朝廷，至義也。又於時宜大計也。若不早圖，必有先人者也。夫權不失機，功在速捷。將軍其圖之。（『魏書』袁紹傳）

在群雄割據的紛亂情勢下，東漢雖已名存實亡，但身為皇帝者並不能因此就輕言放棄，還是要盡力維護帝國的安危。曹操早就注意此點，故挾天子以令諸候，而袁紹卻慢了一步。

事實上，袁紹的部將中，有一名叫沮授的人，早在曹操尚未擁立獻帝前，就陳言說道：「今迎朝廷，至義也。又於時宜大計也。若不早圖，必有先人者也。夫權不失機，功在速捷。將軍其圖之。」

但袁紹並不聽取沮授的建議，他認為若皇帝在身邊，其動必受約束，而其實不然，曹操將獻帝迎回許都後，諸將皆臣服於曹操之下。此時袁紹雖然後悔，卻也只能嘆「時不我予」了。良機一縱即逝，要好好把握啊！

一一三、洞察敵心

吾知紹之爲人。志大而智小。色厲而膽薄，忌克而少威。兵多而分畫不明，將驕而政令不一，土地雖廣，糧食雖豐，適足以爲吾奉也。

（『魏書』武帝紀）

一聽到袁紹大軍將來攻，曹操的部下諸將都嚇破膽了，因為每個人都認為此番絕對贏不了。曹操為了穩定軍心，便道：

「吾知紹之為人。志大而智小，色厲而膽薄，忌克而少威。兵多而分畫不明，將驕而政令不一，土地雖廣，糧食雖豐，適足以為吾奉也。」

曹操並沒有故意誇大袁紹的為人，因為曹操與袁紹是小時玩伴，兩人常常一起惡作劇捉弄別人，對於腦筋轉得較快的曹操，對袁紹的個性真是了解得十分透徹。

所謂「知己知彼，百戰百勝」，要想戰勝對方，不但自己的修鍊很重要，而且想出奇制勝，要能洞悉敵人的本意，才能下一步好棋。當敵方想出一計來攻時，你要能技高一籌，反擊過去，這才有致勝的可能。

一一四、信心倍生力量

古之成敗者，誠有其才，雖弱必強，苟非其人，雖強易弱。劉、項之存亡，足以觀矣。

（『魏書』荀彧傳）

曹操在東有呂布，南有張繡的夾擊下，苦戰數日，終於平定二軍。但此時黃河以北又出現了一個勢力強大的袁紹，他捎了封信給曹操，表示自己對曹操的輕視，曹操認為這是一封極珍貴的信，就拿給參謀荀彧詳讀，並問道：「若以力取袁紹，我應如何做才是？」荀彧答道：「古之成敗者，誠有其才，雖弱必強，苟非其人，雖強易弱。劉、項之存亡，足以觀矣。」

荀彧說完，就以曹操和袁紹兩人的包容力、果斷力、統御力、指導力一一作比較，結果是曹操勝過袁紹。荀彧告訴曹操，儘管袁紹的勢力很強大，也不必恐懼，因此，曹操更有信心能贏得此戰了。

不論我們做任何事情，有信心是能使力量倍增。譬如上台演講，可能自己並不是很熟練，經驗也不豐富，但是能保持鎮定，有穩健的台風再加上一顆自信心，那麼，成功必定不會遠離你的。

一一五、權衡利害關係

方今天下騷擾，元惡未梟。君受大任，幹國之重，而久自挹損，非所以光揚洪烈矣。今復君丞相。君其勿辭。（『蜀書』諸葛亮傳）

諸葛亮揮淚斬馬謖後，為了負起自己錯看了馬謖的責任，而上書請求降級，退出丞相的地位，但是，卻無人能取代他。

第二年，蜀軍重新整飭軍紀，準備展開第二次攻擊，終於平定了武都、陰平兩郡。後主劉禪對此戰果下了詔令，讓諸葛亮恢復丞相之位。詔書上曰：

「在街亭之役中敗北，完全是由於馬謖違背軍令所致。方今天下騷擾，元惡未梟。君受大任，幹國之重，而久自挹損，非所以光揚洪烈矣。今復君丞相。君其勿辭。」

諸葛亮的自咎其責很令人讚佩，但是，處於國事紛擾之際，一個有能者是應該克盡己責，為國效命的，即使有錯，也應該能戴罪立功，不可以因個人而有失對國家效命的職責。

一一六、樂不思蜀

人之無情，乃可至於是乎。雖使諸葛亮在，不能輔之久全。而況姜維邪。

（『蜀書』後主傳）

蜀的第二代君主劉禪，在蜀被滅後，被俘至魏都洛陽，魏給了一萬戶食邑，使其終老一生。但是他對此待遇，絲毫不覺得滿意。

有一天，相國司馬昭為劉禪設宴，故意讓宮女跳蜀舞，劉禪周圍的侍臣都難過得泣不成聲，只有劉禪自己很高興地鼓掌叫好。司馬昭見狀，搖頭對一旁的賈充道：「人之無情，乃可至於是乎。雖使諸葛亮在，不能輔之久全。而況姜維邪？」

劉禪幼名阿斗，是個極平庸的君主，但他在位達四十年之久，可說是三國中在位最久的君主。我們一方面會認為他「樂不思蜀」的態度，很令人覺得無恥，因為他智能的平庸使他完全不知去國離鄉之痛，但以另一個角度來看，可能也因為他的平庸守成致使他能苟存著，倘若他是個明王，魏也就不會如此禮遇他了。

我們若對世事能抱著樂觀其成的態度，凡事本著鄭板橋「難得糊塗」的哲學行事，可能生活也就會少些不快，日子也不會如此難過了。

一一七、貫徹原則

官鎧雖公，蒙猶以為犯軍令，不可以鄉里故而廢法，遂垂涕斬之。

（『吳書』呂蒙傳）

呂蒙在荊州的爭奪戰中，從背後突襲關羽，佔了南郡城，但呂蒙發下軍令，禁止將兵奪取民家物質。當然，免不了還是有人故意去偷犯。

有一名士兵從民家拿了一套鎧甲，呂蒙發覺了此事，就以軍法審之。這名士兵出身於南郡城，和呂蒙有同鄉之誼，但呂蒙還是含淚將他斬首了。部下知道此事，皆震驚異常，從此即使在路途中掉了東西，也不敢拾取。

違反軍紀的部下是同鄉，這純屬巧合，但是一個領導者，若想取信於部下，就應有一視同仁的態度，不少因為是自己較親近的朋友，就有所袒護，睜一隻眼閉一隻眼。要能公正廉明，原則才能貫徹，效率也才能提高。

一一八、上上之策

軍事尚權，期於合宜。宜應權以密，而內露之。（『魏書』董昭傳）

吳、魏間曾秘密協議挾擊關羽的蜀軍，作戰將開始，孫權派使者去曹操處告知要乘機襲擊關羽。當曹操與群臣商議此事時，董昭卻道：

「軍事尚權，期於合宜。宜應權以密，而內露之。」

他的理由在於：若關羽知道孫權將襲擊他，他一定會嚴加防守，不敢懈怠，而圍城之計恐怕就很難進行了。為了使魏軍的兵力受到最少的損失，應該將孫權襲擊關羽的事故意洩漏出去，使關羽與孫權兩相廝殺，魏軍將可坐收漁翁之利。如果魏國聽取孫權的意見，恐怕並非上上之策。

雖然作戰最怕的是協約國之間不能互相信任、各懷鬼胎，但是，魏國能巧妙地利用此計，的確使魏軍的損失達到最小，董昭的建議果真使他們成功地擊敗了關羽。

一些政客間的合縱連橫，不是往往也是如此嗎？

一一九、一國不容二君

一國不容二君。若客有泰山之安，則主有累卵之危。（『蜀書』黃權傳）

益州之牧劉璋聽信親劉備的法正、張松的進言，將採迎劉備之策時，卻出現了反對者，那就是任事務次官的黃權。他說：「劉備是一個智勇兼備的人，你要迎他來，將給他多少待遇呢？如果你給他的待遇是比照你的部下大臣，他是絕不會滿足的，所以你定要以賓客相待呀！所謂一國不容二君，若客有泰山之安，則主有累卵之危也。」

法正、張松原來就對懦弱的劉璋深感不滿，所以，才故意慫恿劉璋迎劉備，以使劉備取而代之。黃權也是顧慮到恐怕將有「鳩佔雀巢」的事發生，故才勸劉璋三思。但劉璋非但沒有接受黃權的建議，反將其貶官。

「一國不容二君」與「一山難容二虎」意義相同，是任何人都能明瞭的道理，雖說「英雄惜英雄」，但是根本上，兩個有能者是很少能不忌諱對方的勢力權位勝過自己的，因為如此不但會有壓迫感產生，而且自己也會處於顛沛傾覆的危險中。所以，應儘量避免此情況發生，才不會有分裂之危。

一二〇、與人相較

大丈夫終不與老兵同列。

（『蜀書』費詩傳）

建安二十四年（西元二一九年），劉備自封漢中王，之前，他曾與魏王曹操對峙，那時封了許多官銜，爾後部下分別在劉備自立為王後升官。

此時命費詩為使者，封留守荊州的關羽為前將軍之職。然而關羽對黃忠被封為前將軍很不滿，曾說道：「大丈夫終不與老兵同列。」

黃忠是一名老將，年事已高，在中國歷史上有「老黃忠」之稱，原為劉表的部下。在投靠劉備之後，使蜀軍能成功地佔領蜀地。在定君山更曾擊敗了曹操的部將夏候淵而聲名大噪。

雖然黃忠與關羽皆為有能的智勇之士，但是關羽不滿自己與黃忠同列，認為自己應比黃忠智高一等，地位應較黃忠高才是，若與其同等地位，則有傷他的自尊，有貶他的人格。

「一山難容二虎」，所有的人事方面都不免會發生上述的事件，其實，彼此摩擦不但無濟於事，而且阻礙了正事的進行。文學方面也時有「文人相輕」的情況出現，恐怕人類與生俱來的與人相較的性格，是永遠不會有所改進的。

一二一、消除危機

今不於強壯時圖之，一旦僵仆，欲復陳力，其可得邪。（『吳書』呂蒙傳）

建安二十二年（西元二一七年），吳將魯肅病歿，由呂蒙繼其後任。魯肅生前所採的戰略始終是聯蜀抗魏的，但是呂蒙卻想改變舊有的對外政策。此時，據荊州的關羽勢力愈來愈強，若不採取應變之策，吳將大受威脅。

當呂蒙決定和關羽作殊死戰，以奪取荊州之地時，他曾先徵詢孫權的意見，說道：「劉備和關羽都是反覆無常的人，絕不值得信賴。現在關羽之所以沒將主力對準我們，是因為我聖明的君主還在，舊臣也還在，今不於強壯時圖之，一旦僵仆，欲復陳力，其可得邪？」

孫權同意呂蒙的建議，所以呂蒙表面對關羽仍採友好的態度，其實，已改變往後對蜀的政策。當一方受他方威脅時，想要繼續維持合作是很難的，受威脅的一方應想辦法解除危機，才不會淪為犧牲品。

一二二、勿生內鬨

夫立王業者，所用非一。　（『蜀書』費詩傳）

一向極為自尊自大的關羽，對老將黃忠和他處同一地位甚表不滿，所以一些人事上的命令，他往往拒絕合作。使者費詩在由劉備處回荊州時對關羽說：「夫立王業者，所用非一。」說完，希望關羽能改變這種態度，又說：

「請您回憶高祖時代，蕭何、曹參都是高祖年輕時的至交，而陳平、韓信是後來才投靠高祖的，若論年資、官階，高祖都不應將韓信封於最高位，否則蕭何、曹參一定會極為不滿的。所以這次主上封黃忠高官，主要是因為他立功應得的，這和韓信的情形是一樣的，您請放心，主上對他之情絕無法與您相比。」

官僚間時常會因為所受的待遇不同而有所怨，這時，在上者應有能力解決此情形，否則若在自己正處於開發中的過渡期，一切都還極不穩定下，內部就起內鬨，若想有所進步就非常之難了。

一二三、猶豫將失其機會

若欲有為，起乘其敝可也。如其不然，固將擇所宜從。（『後漢書』劉表傳）

正決定天下三分之勢的官渡之戰中，以荊州劉表的地利最佔優勢。故袁紹乃向劉表求援，但劉表非但不幫袁紹，也對曹操採取不理睬的態度，看到這種情形，劉表的參謀韓嵩就進言道：

「若欲有為，起乘其敝可也。如其不然，固將擇所宜從。」

聽了這話的劉表，心中猶豫不決，但始終無法採取具體的行動，以致錯失了統一天下之機，不僅如此，他花了十五年辛苦經營的荊州，在其死後不久，傳於劉琮時，也被曹操奪取了。

能盱衡時勢的人，必能掌握機先，使自己立於不墜之境，像劉表這樣三心二意的處事態度，是無法成就大事業的。

一二四、輕敵必敗

陸遜意思深長，才堪負重。觀其規慮，終可大任。而未有遠名，非羽所忌，無復是過。（『吳書』陸遜傳）

以下是呂蒙在對關羽作戰時的故事。當時呂蒙突然由前線回到首都建業，為的是治病，他告訴孫權說：「你再找一個適當的人選吧！」孫權卻道：「陸遜意思深長，才堪負重。觀其規慮，終可大任。而未有遠名，非羽所忌，無復是過。」

事實上，呂蒙是看穿了關羽的性格，因為關羽頗為自豪，故往往生輕敵之心，今關羽若見吳軍統帥為一名不見經傳之人，必定毫不將之看在眼裡。結果關羽果真中計，對吳的戒心完全消除，將全部的兵力集中對魏。

此時，吳軍由後襲蜀軍，在無一兵一卒損失的情況下，輕易地就拿下荊州，成功地活捉了關羽。呂蒙這次藉病而採取的策略，真是高人一等。

我們常常在很多競賽中，看到大爆冷門的結果，原本被認為極有奪魁希望的，一旦生輕敵之念，心情必定會大為鬆懈，處於此狀況，戒備之心也就會跟著喪失，所謂「驕兵必敗」，絕非虛言。

一二五、勿在乎他人的際遇

王與君侯，譬猶一體，同休等戚，禍福共之。愚爲君侯，不宜計官號之高下，爵祿之多少爲意也。

（『蜀書』費詩傳）

在公司裡有些人對自己的境遇，總是不能以平常心處之，而有些人對他人的際遇也相當在意，尤其看到自認為比自己差的人，居然能處於高位，心中更是不平。

當關羽看到黃忠被升官，覺得很不是滋味，雖然後來怒氣平息了，心中還是不免有疙瘩存在。使者費詩曾對他說道：「王與君侯，譬猶一體，同休等戚，禍福共之。愚為君侯，不宜計官號之高下，爵祿之多少為意也。」費詩的如簧之舌終於使關羽情緒好轉，不再有所嫉。

人生在世，只要能平靜地渡過此生也就足夠，與人相較可能會有所進步，但不可事事皆與之比較，太認真過日子的人是最不智的，太斤斤計較的人非但不受人喜愛，也使自己處於孤獨又不快樂之境，何苦來哉？

一二六、逆取不如順守

權變之時，固非一道所能定也，兼弱攻昧，五伯之事。逆取順守，報之以義，事定之後，封以大國，何負於信。今日不取，終爲人利耳。

（『蜀書』龐統傳）

劉備一心想強行奪取蜀地，龐統勸諫道：「若用強硬的手段奪取，必然受世人的責難。」又道：「權變之時，固非一道所能定也，兼弱攻昧，五伯之事。逆取順守，報之以義，事定之後，封以大國，何負於信。今日不取，終為人利耳。」

所謂「逆取不如順守」，亦即在奪取政權時，必須以正當的手段來對付，才能使人民真正歸服，若採取高壓政策，表面上人民可能不敢反抗，事實上，全國離心離德，叛亂之情事必定層出不窮，等到大家忍無可忍時，一下子民怨會如洩洪般湧現，到那時，想平復就不容易了。

一二七、行事須合宜

操以急，吾以寬，操以暴，吾以仁，操以譎，吾以忠。每與操反，事乃可成耳。

（『蜀書』龐統傳）

赤壁戰後，劉備好不容易得到荊州之地，以為根據，他為了實現天下三分的計畫，尚必須取得蜀地。但他卻始終不敢決定應如何做，他的理由是：

「現在與我競爭的對手是曹操，操以急，吾以寬；操以暴，吾以仁；操以譎，吾以忠。每與操反，事乃可成耳。若我使的手段不合宜，將會失去天下人對我的信任。」

當時占領蜀地的是劉璋，他和漢王室有血親關係。劉備伐蜀地，猶如伐同族之人，且劉備以大義之名為天下人所信服，若草率行事，天下人必群起而抵抗之，所以他必須採合宜之策來解決，才不致壞了自己的計畫。

認清時勢，候機出擊，正是成功者的座右銘。

一二八、洞悉存心

父子在州二十餘年，無恩德以加百姓。百姓攻戰三年，肌膏草野者，以璋故也，何心能安。

（『蜀書』劉璋傳）

劉璋邀劉備至蜀地的用意，原是為了防止曹操的來攻，沒想到卻引狼入室，讓劉備輕取蜀地。當劉璋被劉備的軍隊圍困於成都時，雖然其兵力、軍糧皆充足，但不消數十天，劉璋就自動投降了。他對大臣說：「父子在州二十餘年，無恩德以加百姓。百姓攻戰三年，肌膏草野者，以璋故也，何心能安？」

身處亂世的求生之道，有時是必須拋棄道德心的，像劉備雖被稱為有德之人，但事實上為了取得蜀地，他也不得不採必要之手段。我們在批評他人時，實在是應該客觀地來看，因為有時操守是不能使自己快樂的，為了它，可能還必須犧牲自己的一切才能換取，這時我們也不能主觀地判定他的人格優劣，而應去洞悉他的存心才是。

一二九、古今一英雄

太祖運籌演謀，鞭撻宇內。攬申、商之法術，該韓、白之奇策，官方授材，各因其器，矯情任算，不念舊惡。終能總御皇機，克成洪業者，惟其明略最優也。抑可謂非常之人，超世之傑矣。（『魏書』武帝紀）

以下這段話是陳壽對曹操的評語：

「太祖運籌演謀，鞭撻宇內。攬申、商之法術，該韓、白之奇策，官方授材，各因其器，矯情任算，不念舊惡。終能總御皇機，克成洪業者，惟其明略最優也。抑可謂非常之人，超世之傑矣。」

其中申（申不害）及商（商鞅）皆為法家，韓（韓信）在「背水一戰」中聲名大噪，為漢室名將。白（白起）則是對秦王統一天下的最有貢獻者。以上對曹操的評語，都是極其恰當的。

我們由曹操稱霸北方來看，就可發現他並非一等閒之輩，能擅用計策使自己穩住江山，真是一個超越時空的英雄人物。

一三〇、勿坐以待斃

先帝慮漢、賊不兩立，王業不偏安，故託臣以討賊也。以先帝之明，量臣之才，故知臣伐賊才弱敵強也。然不伐賊，王業亦亡，惟坐待亡，孰與伐之。是故託臣而弗疑也。（『蜀書』諸葛亮傳）

在「後出師表」的開頭一節中，諸葛亮曾說明國力較弱的蜀為何不積極向外征伐奪取領地的理由。不過他也強調若始終守成不移，則將會每況愈下。

他的說明如下：「先帝慮漢、賊不兩立，王業不偏安，故託臣以討賊也。以先帝之明，量臣之才，故知臣伐賊才弱敵強也。然不伐賊，王業亦亡，惟坐待亡，孰與伐之？是故託臣而弗疑也。」

諸葛亮的顧慮很是周全，我們處世也應具有遠見，如果只是「守株待兔」等待風吹草動，恐怕一有事故就會無法收拾。與其坐以待斃，還不如先下手為強，也許反而可以先發制人呢！

一三一、兵法乘勞

臣非不自惜也，顧王業不得偏全於蜀都，故冒危難以奉先帝之遺意也。而議者謂爲非計。今賊適疲於西，又務於東。兵法乘勞。此進趨之時也。

（『蜀書』諸葛亮傳）

諸葛亮對魏一直採取積極對抗的策略，但有些人認為目前情勢已穩定，暫時不會有危機了。

諸葛亮為了反駁眾人的短視，就在「後出師表」中展開一連串的說明：

「臣非不自惜也，顧王業不得偏全於蜀都，故冒危難以奉先帝之遺意也。而議者謂為非計。今賊適疲於西，又務於東。兵法乘勞，此進趨之時也。」

在敵人疲憊之際，是取勝的最佳時機，此時敵我的兵力相差不少，只要一氣呵成，就可不費吹灰之力地令敵敗退，兵家之爭不可不明白此法。

一三二、勿做無謂犧牲

普天之下，莫非漢民，國家威力未舉，使百姓困於豺狼之吻。一夫有死，皆亮之罪，以此相賀，能不爲愧。（『蜀書』諸葛亮傳）

西元二二八年，諸葛亮展開第一次的北伐，在祁山與魏軍大戰。此時魏的領地隴西、南安二郡不戰而降，諸葛亮在攻破天水郡後，擄獲大將姜維及數千名男女還鄉，蜀人紛紛上前道賀。

但諸葛亮半點高興的表情也沒有，反而極憂傷地說：

「普天之下，莫非漢民，國家威力未舉，使百姓困於豺狼之吻。一夫有死，皆亮之罪，以此相賀，能不為愧。」

國與國間的紛爭，往往有一些無辜的百姓就此犧牲，這雖然是戰爭中免不了的事，但若非必要，絕不要製造無謂的犧牲，因為每個人的生命都是極其珍貴的。

一三三、沈著應戰

亮阻山爲固，今者自來，既合兵書致人之術。旦亮貪三郡，知進而不知退。今因此時，破亮必也。（『魏書』明帝紀）

諸葛亮的北伐對魏來說，是始料所不及的，原本魏朝的文武百官都認為蜀只有劉備一人足堪為憂，如今心頭之患已去，蜀必定欲振乏力了，所以對蜀也就無任何防備。當魏接到諸葛亮來攻的消息時，朝廷上下都亂了陣腳，只有明帝還很沈著地說：

「亮阻山為固，今者自來，既合兵書致人之術。旦亮貪三郡，知進而不知退。今因此時，破亮必也。」

明帝說完即率軍親自禦敵，結果魏將張郃大破馬謖軍，使蜀軍敗退。這雖然意料之外的事，但可證明，凡事只要能沈穩地應付，是可以大獲全勝的。魏明帝處變不驚，臨危不亂的態度，一直是領導者引以為鑑的。

一三四、鞠躬盡瘁，死而後已

凡事如是，難可逆見。臣鞠躬盡瘁，死而後已，至於成敗利鈍，非臣之明所能逆覩也。

（『蜀書』諸葛亮傳）

前面我們談到因為馬謖違令，致使蜀軍潰敗，諸葛亮此次任務雖未達成，卻並未對伐魏死心，因為他胸懷統一天下、復興漢室的使命感，所以在他二度出征前，即寫了後出師表予後主劉禪，表明自己的決心。他道：

「凡事如是，難可逆見。臣鞠躬盡瘁，死而後已。至於成敗利鈍，非臣之明所能逆覩也。」

諸葛亮心知天下事變化莫測，對統一大業的任務並無十足的把握，但是，為了達成先帝劉備的遺詔，只有盡力而為了，所謂「豈能盡如人意，但求無愧我心，盡人事聽天命」，應是諸葛亮當時的心情寫照吧！

一三五、盡忠職守

臣敢竭股肱之力，效忠貞之節，繼之以死。（『蜀書』諸葛亮傳）

西元二二三年，被困於白帝城的劉備一病不起，故派人至成都將諸葛亮找來，交待其遺言道：「若嗣子可輔，輔之，如其不才，君可自取。」

諸葛亮含淚道：「臣敢竭股肱之力，效忠貞之節，繼之以死。」

將自己的子女委託給值得信賴的人，在今日社會可能不少，但像劉備這樣「若我子不行，君可取而代之」的態度，則恐怕找不出第二個人了。

諸葛亮後半生真如他自己所言「死而後已」，他是真正地做到了為臣者對君主的效忠之心，雖然劉禪是一個平庸的君主，他卻不生奪位之心，一心輔佐王室處理國政，其精神實可與日月同昭，與松柏並壽矣。

一三六、臨危不亂

向聊觀試君耳。君信可人，必能拼賊者也。（『蜀書』費禕傳）

西元二四四年，魏將曹爽來攻蜀時，任蜀軍統帥者為費禕，在將出征前，宮中顧問來敏往見費禕，說道：「我們下盤棋吧！」

此時外面人馬已經備妥，準備出戰迎擊，裡面的費禕及來敏卻還興緻勃勃地對奕，似乎欲罷不能。最後由費禕贏得此局，來敏就對費禕說：「向聊觀試君耳。君信可人，必能拼賊者也。」

就如來敏所言，費禕在出戰後所向皆捷，不愧為繼承諸葛亮的第一人選。

一個人有無作為，必須看他在危急時如何應變。處事鎮定的費禕，在臨出征前的棋局中，依然能保持沈著，集中精神，因此來敏的試探，真是一種杞人憂天之舉。

一三七、眼光要遠大

昔箕子陳謀，以食爲首。今天下不耕者蓋二十餘萬，非經國遠籌也。雖戎甲未卷，自宜且耕且守。

（『晉書』宣帝紀）

司馬懿年紀輕輕地就有不凡的才能，曹操聽聞有這麼一個俊才，便想收買他。懿在曹操手下常獻妙計，對曹操政權的穩固很有貢獻。他曾上書陳言：「昔箕子陳謀，以食為首。今天下不耕者蓋二十餘萬，非經國遠籌也。雖戎甲未卷，自宜且耕且守。」

由於司馬懿的建議，魏便努力務農，貯備糧食，使國家迅速地富強壯大。司馬懿在魏國共做了四代官，以其圓滑的政治手腕，周旋於文武百官之間，使他一直都是全朝的佼佼者，後來他成為繼魏朝後，晉朝的創業者，就是因他深謀遠慮的眼光能洞察機先而成功的。

一個政治家必須將眼光放遠，做百年大計，在所有的問題都顧慮周全後，才能下決定，這樣所引起的後患也可以減至最少。

一三八、司馬八達

大行晏駕。天下恃殿下爲命。當上爲宗廟、下爲萬國。奈何效匹夫之孝乎。

（『晉書』宗室傳）

西元二二〇年，曹操死於洛陽城，太子曹丕此時正在鄴地，突然聽到父親病逝的消息，忍不住號啕大哭起來，看到這情形的侍從司馬孚上前相勸道：「大行晏駕。天下恃殿下為命，當上為宗廟，下為萬國，奈何效匹夫之孝乎？」所謂「匹夫」就是身分較低的男子或指平庸的人，一個領導者，因為背負著國家前途的使命，必須提得起放得下，不能像一般人，有悲傷的權利。否則一遇到問題就喪失鬥志，沒有人發號司令，則很快就會有覆巢之危的。

司馬孚趁著此刻，順便斥責那些懦弱的臣下，並一面鼓勵曹丕化悲憤為力量，舉行喪儀，即登魏王帝位。司馬孚字叔達，是司馬懿（字仲達）的胞弟，他們兄弟八人皆達字輩，個個都是傑出的英才，所以世人敬稱他們為「司馬八達」。

一三九、節哀順變

今姦宄競逐，豺狼滿道，乃欲哀親戚，顧禮制，是猶開門而揖盜，未可以為仁也。

（『吳書』吳主傳）

西元二〇〇年，江東之主孫策突然病亡，當時才十九歲的孫權，為其兄的死悲慟欲絕，傷痛始終無法平復。看到此情形的張昭就安慰他道：

「現在不是流淚的時候，今姦宄競逐，豺狼滿道，乃欲哀親戚，顧禮制，是猶開門而揖盜，未可以為仁也。」

張昭幫孫權著喪服並訓練他射騎，出巡勘察軍隊。當時，吳的領地尚未完全統領整個江南，而且各地英雄豪傑都想擁兵自重，若此時為了親人的亡故而悲慟，必定危機重重，前途堪憂。

不管是不是身為領導者，如果被人生的常態——生老病死所羈絆，只會減損迎向明天的力量，所以哀慟必須適可而止，對無法避免的事應坦然處之，才是明智的。

一四〇、豁達的領導者

好笑語，性闊達聽受，善於用人。（『吳書』孫策傳）

孫權的哥哥——孫策在二十六歲的英年就遇刺而死，他的至交對他的評語是：「好笑語，性闊達聽受，善於用人。」只要與他見過面，不論其地位高低，他都以誠相待，所以他人皆樂意為他效命。

一個心胸開闊的人，即使遇到再困厄環境，也依然可以談笑風生，不受影響。孫策身為一領導者，能有如此的人生哲學，為人處世無懈可擊，對臣下的諫言也都能尊重，所以「敬人者，人恆敬之」。

今日社會中，有許多人對開玩笑抱著無所謂的態度，且以取悅別人為樂，根本已經失去了幽默的人生哲學。

一個有幽默感的人，是能適時地帶入輕鬆的話題，解除他人的尷尬或煩惱，妙語如珠地面對紛至沓來的一切問題，這才是一個健康的人生。

一四一、戰由色起

喬公二女雖流離，得吾二人作婿，亦足爲歡。（『吳書』周瑜傳）

孫策和周瑜是忘年之交，他們之間既有兄弟之誼又有姻親關係。孫策平定長江中游就是周瑜獻計的，他倆同攻皖地（今安徽省一帶），從喬公處娶得二喬，孫策娶大喬，周瑜娶小喬，皆是絕世美女。

有一天，孫策心情出奇地好，對周瑜笑道：「喬公二女雖流離，得吾二人作婿，亦足為歡。」

在赤壁戰時，周瑜原本按兵不動，諸葛亮對周瑜道：「好色的曹操，一聽江東大美女二喬被吳奪去，所以才發兵。」

這雖只是諸葛亮不經意的話，但卻因而觸怒周瑜，採取征蜀的措施。

一四二、英明的君主

性度弘朗，仁而多斷，好俠養士，始有知名，侔於父兄矣。

（『吳書』吳主傳）

這是一句對年輕的孫權所作的評語：「性度弘朗，仁而多斷，好俠養士，始有知名，侔於父兄矣。」

孫策早年就帶著小自己七歲的孫權奔馳於疆場，為的是訓練弟弟能接替自己的職位，而孫權也沒讓他失望，此時已能提出不錯的作戰策略。孫策對弟弟的聰敏很感欣慰，每次在宴請賓客時，一定不忘告訴孫權：「記住，這些人將來就是你的左右手。」

孫策意外地被刺身亡，繼承其位的孫權，此時僅是十九歲的青年，與臣下的情誼還不十分穩固，所以，處境可說極其危險，時有被篡的可能，但英明的孫權不但沒有此顧慮，而且還攏絡四方之士，為其效命，實在除了其兄當年明智，為他庇蔭之外，也是由於他自己英明果決的作風所致。

一四三、應變之道

漢室不可復興，曹操不可卒除。（『吳書』魯肅傳）

「復興漢室」是三國時群雄常用的口號，孫權當然也不例外。他在第一次和魯肅會面時，雙方就意氣相投，孫權問魯肅：「要救漢室應採何策才是？」魯肅答道：「漢室不可復興，曹操不可卒除。」

時代的變化急遽，當初所標榜的大義已不適用了，所以，孫權應有新的方針以之應對。故魯肅建議道：

「此時將軍只有一計可施，那就是以江東為根據地，等待時機以稱霸天下，只要確立這一方針，就可以拓展自己的前途。因為北方諸勢力皆忙於自我防衛，我們可趁機將長江周圍據為己有，如此統一天下指日可待。」

此時，三國鼎立之局已顯而易見，諸葛亮建議劉備的「天下三分之計」與魯肅正好不謀而合。

一四四、勿以貌取人

丁掾，好士也。即使其兩目盲，尚當與女，何況但眇。是吾兒誤我。

（『魏書』曹植傳）

曹操早聞其大臣丁沖之子丁儀有過人的才能，故很想納丁儀為己女清河公主之婿，所以便與其子曹丕討論，但曹丕卻道：「女人總是注重他人外貌的，而丁儀是個眼小的人，妹妹必定不喜歡。」

後來清河公主遠嫁他方，丁儀由於表現過人，所以被任命為丞相府屬官，曹操在和丁儀談話後，大為驚喜，對沒有招他為婿很是後悔，所以便說：「丁掾，好士也。即使其兩目盲，尚當與女，何況但眇。是吾兒誤我。」可見曹操是一個多麼重視才能的人。

今天，外在的修飾似乎愈見明顯，每個人都以外貌的美醜來取人，其實一味注重外在，而忘了內在的修身，空有美麗的外殼而沒有實質永恆的內涵，是不能長存的。

一四五、天才詩人

言出為論，下筆成章。顧當面試，奈何倩人。（『魏書』曹植傳）

曹操的第三子曹植為一天才詩人，在十二、三歲時，已熟稔『詩經』、『論語』，又善作文。他的文章偶爾被曹操看到，但並不受重視，有一回，曹操拿著曹植的文章向他道：「你寫要給誰看？」

曹植答道：「言出為論，下筆成章，顧當面試，奈何倩人。」當銅雀台建都完成時，曹操將他所有的兒子都聚到台前，要他們及時作賦，曹植一氣呵成，出口成章，著實讓曹操嚇了一跳。

曹操、曹丕、曹植父子三人在文學上都頗有成就，曹操的「短歌行」、曹丕的「燕歌行」及曹植的許多詩篇，都讓後人傳頌不已。曹植有一次在其兄曹丕的相逼下，七步成詩，作了一首喻其兄弟何須相鬥的詩——「煮豆燃豆萁，豆在斧中泣，本是同根生，相煎何太急？」令其兄羞愧不已。

一四六、小時了了，大未必佳

人小時了了者，大亦未必奇也。（『魏書』崔琰傳）

孔子的第二十代子孫為孔融，他在十歲時已因聰慧過人而名聞遐邇，據說當時有一位聲望極高的名士李膺，他聽到有這麼一個神童，很想見他。

孔融於是告訴李膺：「與我非親非故的人，我一定不與之見面。但是，因為我的祖先是孔夫子，你的祖先是老子，他們都是極受人推崇的聖賢哲人，所以我和你可以說是地位一樣的。」

老子是先秦的思想家，姓李，而孔融提出李膺的祖先為老子，無形中也喚起李膺的優越感，所以，當時在場的人都對孔融的對答驚歎不已。

而其中有一人卻輕蔑地道：「小時了了者，大未必奇也。」孔融一聽此說，立刻答道：「想必您小時候，說話也是如此地先發制人囉！」

一四七、直覺的準確性

先主誡謖之不可大用，豈不謂其非才也。（『蜀書』馬謖傳）

對諸葛亮處置馬謖這件事來說，大家看法不一，可說是褒貶參半。其中貶者的看法是，「馬謖原就非一個可任重責的人」，在劉備在世時已可看出。諸葛亮此為用人不當，故當受人譴責。

其實，對馬謖的才能，劉備並不清楚，但他憑自己長年閱人的經驗，直覺判斷馬謖並非可用之材，事實上也果真如此。諸葛亮沒有聽取劉備的意見，致使馬謖最後違令戰敗，而令蜀軍元氣大傷。

我們姑不論諸葛亮在此次的功過，平時我們面對瞬息萬變的局勢，常常苦於無法應付，有時利用他人的經驗或自己的直覺，真能助我們解決諸事呢！所以也不要輕視它。

一四八、引狼入室

吾於庶事，以夜繼晝，無須臾寧息。此非以爲榮，乃分憂耳。

（『晉書』宣帝紀）

司馬懿常勸諫曹操勿自大誇矜，曹操也常對其子曹丕道：「司馬懿為一信臣，可將政事委之。」一旦國家政事有危機出現，能及時伸出援手的就是司馬懿，無怪乎曹丕會如此喜愛司馬懿了。

曹操去世後，曹丕登基，是為魏文帝。司馬懿受封向鄉侯，任撫軍將軍，指揮五千名士兵，又是皇帝的秘書官兼丞相之職，可說是冠冕堂皇，無人可與匹之。而司馬懿受皇帝之榮寵，也沒有掬拒，故文帝便道：「吾於庶事，以夜繼晝，無須臾寧息。此非以為榮，乃分憂耳。」

雖然司馬懿受到如此優厚的待遇，但最後還是萌生貳心，篡魏立晉，這大概是文帝曹丕始料所未及的吧！懿原就極有野心，加上能力非凡，故自立為王是早晚的事，只是文帝太信任懿，凡事都委託懿來處理，無異引狼入室乎？

一四九、孔明擇婦

莫作孔明擇婦，正得阿承醜女。（『蜀書』諸葛亮傳）

以下是有關諸葛亮婚事的一小段插曲。位於沔水之南的襄陽城，有一名士黃承彥，是清廉高潔之人，有一天，他去拜訪諸葛亮，說道：「我有一女，想將她許配給你，女兒的頭髮是赤色的，皮膚略黑，談不上美，但是她的頭腦靈活，心思細膩，故我覺得配你綽綽有餘。」

諸葛亮一聽，即以轎迎黃女，這在當時曾傳為笑話，於是有一句話形容道：「莫作孔明擇婦，正得阿承醜女。」

這雖然是在揶揄孔明，但是，黃女也真如其父所言，的確幫了孔明不少，是一個不可多得的助手。

一五〇、新體制以人事為重

皆處之顯任，盡其器能。有志之士，無不競勸。（『蜀書』先主傳）

西元二一四年，劉備取代劉璋成為益州新主，為了慰勞將士的苦勞，他便設宴大為慶祝。宴中賜有功者米糧、絹帛等物，並准予攜之告老還鄉。並確立新體制。諸葛亮受封法正，關羽、張飛、馬超諸將，皆為新體制的指揮，而對劉璋的舊臣應如何處置，著實是個棘手的問題。

結果劉備將所有曾被劉璋重用的舊臣，或與他有姻親關係的人，以及被劉璋排斥或曾與劉璋有恩怨的能人如劉巴，都給予高官厚祿，如此充分發揮個人所長，在優厚的待遇下，一些有志之士紛紛協助新體制的推動，使蜀之建設迅速推展起來。

在吸收或合併某一組織時，最難處理的就是人事問題，尤其一個剛上任的主事者，想與其合作的諸幹部或同事打成一片，那更是需要有靈活的交際手腕，採信任的態度放手讓部屬做，如此，他們同樣會很快地成為你最得力的助手的。

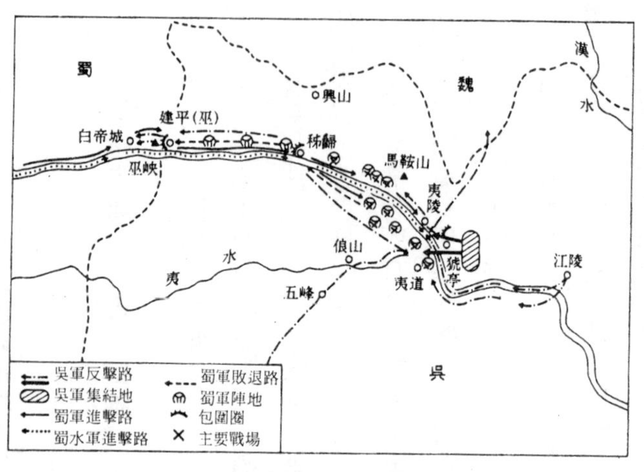

夷陵之戰的戰略圖

小常識③

夷陵之戰

西元二二二年，吳蜀間展開大戰，由於蜀軍中計，致使關羽被吳殺害，此事激怒了劉備，他在不顧群臣的反對之下親自出征，迎戰吳國的陸遜。年輕的陸遜因採持久戰，被其部下誤為一怯懦之人。但在半年的長期征戰下，蜀軍兵疲糧盡，終於無力抵抗，全軍覆沒。

劉備為了逞一時之怒而做了有勇無謀之事，使魏坐收「漁翁之利」，自己因而招致滅亡，實在極為不智。

一五一、施比受有福

勳勞宜賞，不吝千金，無功望施，分毫不與。（『魏書』武帝紀）

曹操敘述他論功行賞的方式，即賞時就是千金也不吝惜，但對於無功績而想受賞之人，則一錢也不給，由此我們可發現曹操是一個理性主義者。

當我們施與別人時，接受者當然很高興，施與者也會因為看到接受者欣喜若狂的神色，受到那股感動而頓覺溫馨的。

但是刑與賞是必須公正而分明的，否則不但不能引起好的效果，提高效率，反而會弄巧成拙，釀出大亂子，傷了彼此的和氣，也使日後工作上摩擦愈劇，那麼，賞與罰就變成徒具形式而毫無意義可言了。

領導者要能如曹操一樣地理性論功行賞，才能體會到「施比受有福」的意義，幫助別人，的確能使自己得到快樂，就如「雪中送炭」是沒有人不倍感溫馨的，我們應時時有股暖流在心中，待需要時做最有益的傳送。

一五二、發揮同胞愛

今世亂而多買寶物。匹夫無罪，懷璧爲罪。又左右皆飢乏，不如以穀賑給親族鄰里，廣爲恩惠也。（『魏書』甄皇后傳）

文帝曹丕的夫人是甄后，據說是名美女，生於漢代名門甄家，他的父親為一縣知事。以下即是有關甄后少女時代的傳說。

東漢末年，天下大亂，加上戰亂不休，造成許多餓民流離失所。為了維持羸弱的身軀，許多人都以金銀珠寶換取米糧，當時甄家貯了大量的穀物，就以其儲糧換得了大量的財寶，才十幾歲的甄后見狀，對其母道：「今世亂而多買寶物，匹夫無罪，懷璧為罪。又左右皆飢乏，不如以穀賑給親族鄰里，廣為恩惠也。」甄家後來也聽其女言，賑糧與災民。

當國家有難時，身為國民的我們都應有共識，為國家的生死存亡而奮鬥，「沒有國那有家」，多少烈士的熱血盡灑於亂世的濁流中，我們的鬥志是否已不如昔日的英烈們了呢?今天貧富差距不小的社會，能發揮同胞愛的又有幾人?富人的房子仍然一棟棟地購買，而窮人的仍是落得無處棲身，那些擁有華屋數棟，而心中卻沒有愛的人，真會覺得人生美好嗎?

一五三、言多必失

聞人之善，若出諸己，言有可採，必演而成之。面告其短，而退稱所長。薦達賢士，多所獎進。知而未言，以為己過。（『後漢書』孔融傳）

孔融是孔子的後代子孫，也是一儒者，被天下俊才仰慕，這並非靠其孔氏血統的餘蔭，而是他自己為人廉正，才受人敬重的。

儘管他為人公正，但或許太出眾的人也會遭人忌吧！曹操就對他非常不滿，因為孔融對曹操的處事態度常常鉅細靡遺地加以批評，一點也不客氣。所以，不久有一個曹操的心腹，就將莫須有的罪名加諸孔融身上，把他打入大牢處死。

在言論不自由的地方，要謹言慎行才行，否則禍從口出，招來無窮的禍害，就太不值得了。而一個民主社會，雖能容得下各種言論的批判，但也必須言之有理，不可一味地為批評而批評，人云亦云，自己不知道自己所做為何？

所以，我們要使所生活的空間有更多的自由，自己也應以健康的言論來表達意見，如此才可以掃除社會的病毒，使它更健全進步。

一五四、得力的助手

宣帝初辭魏武之命，託以風痺。嘗暴書。遇暴雨，不覺自起收之。家惟有一婢見之。后乃恐事泄致禍，遂手殺之以滅口。（『晉書』張皇后傳）

司馬懿的妻子張皇后生於景帝（司馬師）及文帝（司馬昭）之家，年輕時就是一位沈穩、有教養的女性。

從前司馬懿曾假稱自己中風，行動不便而拒絕曹操要他出仕的命令。有一天，他將陳列已久的書冊拿到外面曬太陽，突然下起大雨，司馬懿忙不迭地衝出去想取書，卻被一下女瞧見，才發現他根本沒病。

張后由下女口中得知此事，想到若曹操知道司馬懿裝病拒命，必定會嚴懲司馬懿，故她偷偷地將下女殺之滅口，從此親自下廚。司馬懿對夫人的作風，真是又敬又佩。

一個有能者，若能得到好的助手，必定能更順利地完成大業，司馬懿有張皇后為其賢內助，故能成就非凡的事業，當我們有成就時，千萬不要忘了與我們共患難的朋友及家人，因為沒有他們的協助與鼓勵，是不會有今日的。

一五五、留名千古

生有七尺之形，死唯一棺之土。唯立德揚名，可以不朽，其次莫如著篇籍。疫癘數起，士人凋落。余獨何人，能全其壽。（『魏書』文帝紀）

西元二一七年，瘟疫大流行，因瘟而死者不計其數，當時曹丕還是太子，他的文學師友很多都難逃一劫，曹丕因此大受打擊，送信給他平素極為尊敬的大審長王朗，信中寫道：「生有七尺之形，死唯一棺之土。唯立德揚名，可以不朽，其次莫如著篇籍。疫癘數起，士人凋落。余獨何人，能全其壽。」

自此，他寫了超過一百篇詩歌，在當時的詩人中，他是發起者，作品皆稱得上是同儕中的佼佼者。因為親故的死，使他倍感人生無常，即使生前擁有富貴榮華，而七尺之軀，死後也還是復歸塵土，落得只有六片冰冷的木板貼著身體，一切都是虛空的。

只有以智慧之筆寫下不朽的詩篇，才能為自己留下千秋美名，使自己不會空走這一遭，在世間存留永恆記憶及痕跡。而歷史也就是如此地循環不已。

一五六、自信的力量

魏家科法，卿所練也，我之爲人，卿所知也。我受國恩多而門戶重。卿無可言者，但有必死耳。卿還謝諸葛，便可攻也。（『魏書』明帝紀）

以下是諸葛亮在二度北伐，包圍陳倉之地時所發生的一段故事。陳倉的守兵僅千餘人，但守將郝昭為一豪情之人，自年輕即是屢戰屢勝的勇將。諸葛亮見對方勢單力薄，認為自己二度北伐定可雪恥，故找了一名與郝昭同鄉，叫靳詳的人來，要他喊叫郝昭投降。郝昭在瞭望台上回答：「魏家科法，卿所練也，我之為人，卿所知也。我受國恩多而門戶重。卿無可言者，但有必死耳。卿還謝諸葛，便可攻也。」

諸葛亮見郝昭不為所動，乃重複地要郝昭不要做無謂的犧牲，但是，郝昭依然堅拒，說道：「我心已決，雖我懼怕與你為友，但你的箭絕傷不了我。」在經過二十多天的交戰後，諸葛亮終於無功而返。

即使處於生死存亡之際，只要自己給自己一線生機，萌生自信心，則必可置之死地而後生，那種力量是自己萬萬想不到的，但也是自己才能尋來的，吾人絕不可輕忽。

一五七、勿被臣下識出自己的無能

以明將軍之英才，乘劉牧之懦弱，張松、州之股肱，以響應於內。然後資益州之殷富，憑天府之險阻，以此成業，猶反掌也。（『蜀書』法正傳）

領導者如果沒有用人的器量，絕無法找到好的人才，尤其是君主與臣下間的情誼，也會因而變得極不穩固。

所以，在君臣之誼不深時，彼此的要求便不會太嚴格，當臣下對無能的君主表示不滿時，極有可能萌生弒主之心。

蜀劉璋的臣下法正，是迎劉備入蜀的人，以下就是法正向劉備敘述入蜀計畫的一段話：「以明將軍之英才，乘劉牧之懦弱，張松、州之股肱，以響應於內。然後資益州之殷富，憑天府之險阻，以此成業，猶反掌也。」

劉璋之所以很快地被劉備取而代之，是因為其本身無能，又不能找到真正肯為其效命的臣子，故在臣下的貳心下，斷送了自己的江山，這是無能的主上應引以為戒的。

一五八、一流的人才

御軍三十餘年，手不捨書，晝則講武策，夜則思經傳。登高必賦，及造新詩，被之管絃，皆成樂章。（『魏書』武帝紀）

傳說曹操有「橫槊詩人」之稱，當他奔於戰場時，只要有靈感，就能隨時詩興大起，提筆為賦。他曾在爭戰中躺於以矛戈裝飾的車上寫詩，其中有這麼一段：「御軍三十餘年，手不捨書，晝則講武策，夜則思經傳。登高必賦，及造新詩，被之管絃，皆成樂章。」

由此可見，曹操是一個多麼好學的人，當孫權在勸呂蒙做學問時，曾要他向曹操學習。

另外，曹操還是兵書的編纂者，『孫子兵法』的編著他也參與，他真可說是集詩人、學者、武將、政治家之頭銜於一身，絕對可以稱得上是一流的人才。

一五九、希望永保良好形象

荊州荒殘，人物殫盡。東有吳孫，北有曹氏，鼎足之計，難以得志。今益州國富民強，戶口百萬，四部兵馬，所出必具，寶貨無求於外。今可權借以定大事。

（『蜀書』龐統傳）

龐統對好不容易由蜀邀請來，而又依然猶豫不決的劉備說道：「荊州荒殘，人物殫盡。東有吳孫，北有曹氏，鼎足之計，難以得志。今益州國富民強，戶口百萬，四部兵馬，所出必具，寶貨無求於外。今可權借以定大事。」

劉備在尚無根據地的情況下，知道獲得蜀地之重要，但若無法奪取蜀地，則三國鼎立之計必成泡影；但又想到奪取蜀地恐怕落得討伐同族的惡名，故他才若有所思，一直拿不定主意。

為了留給世人好印象，維護自己既有的「賢德之人」的形象，劉備真是絞盡腦汁地想如何才是兩全其美之策。

一六〇、先安內才能攘外

昔高祖保關中，光武據河內。皆深根固本以制天下。進足以勝敵，退足以堅守。故雖有困敗而終濟大業。（『魏書』荀彧傳）

曹操正猶豫應先取回被呂布奪取的根據地兗州，或先攻徐州時，曹操的謀臣荀彧勸道：「昔高祖保關中，光武據河內。皆深根固本以制天下。進足以勝敵，退足以堅守。故雖有困敗而終濟大業。」

他的意思是，兗州對曹操而言，猶如關中與河內之地，故不論如何，一定要先確保本身的根據地。當時，荀彧還舉出楚項羽誇示自己有卓越的武力，卻喪失根據地，終於被高祖劉邦擊敗的事實，希望給曹操一大警惕。

在對外擴展領土前，必須能先保國安民，自己內部都確實穩當後，再開始向外的拓疆計劃，否則內憂不解決，新的問題又產生，必弄得一發不可收拾。

一六一、魚與熊掌不可兼得

夫事固有棄此取彼者，以大易小可也，以安易危可也，權一時之勢，不患本之不固可也。

（『魏書』荀彧傳）

這故事依然是有關荀彧諫曹操的一段。

原來曹操認為此時是攻徐州的最佳時機，因當時徐州之主陶謙剛死不久，但荀彧卻告訴曹操，此時若讓呂布繼續坐大，則許州可能有危機出現。若去攻徐州而不成，曹操更可能死無葬身之地。所以荀彧言道：「夫事固有棄此取彼者，以大易小可也，以安易危可也，權一時之勢，不患本之不固可也。」

曹操一聽，立刻全力攻打呂布，將袞州之地奪回。

所謂「魚與熊掌不可兼得」，即使在我們面對有各種我們所喜愛的事物，也要權衡利害，讓選擇有所先後，不要腳踏兩條船，那是很容易葬身海底的。

一六二、恃眾而驕敗軍之象

紹兵雖多而法不整。田豐剛而犯上，許攸貪而不治，審配專而無謀，逢紀果而自用。此二人留知後事。若攸家犯其法，必不能縱也。不縱，攸必為變。

（『魏書』荀彧傳）

在官渡戰前，曹操的謀臣荀彧曾向他分析敵情，由於荀彧本身曾在袁紹之下待過，故對紹之屬下的性格瞭如指掌，他道：

「紹兵雖多而法不整。田豐剛而犯上，許攸貪而不治，審配專而無謀，逢紀果而自用。此二人留知後事。若攸家犯其法，必不能縱也。不縱，攸必為變。」

官渡戰的結果是袁紹的參謀許攸倒戈，致使兩軍勝負立見，許攸倒戈之因與荀彧的預測不謀而合。曹操也因此而稱霸北方。

這場決定稱霸北方的大戰，是一場以弱勝強的戰爭，但由於袁紹的軍紀不嚴，故使兵心渙散，恃眾而驕，曹操也因而致勝。不論在戰場、商場或考場上，我們都不能掉以輕心，否則突生意外時，可能會一失足成千古恨。

一六三、處世的法則

遂就床縛之，將出到界，自解其綬以繫督郵頸，縛之著樹，鞭杖百餘下，欲殺之。督郵求哀，及釋去之。（『蜀書』先主傳）

雖然劉備被稱為「有德之人」，但據說他年輕時也是血氣方剛的暴虐青年。那時，劉備任某縣邑的小吏，有一位中央派來的巡官，對劉備很不滿，想打擊他，將他流放到遠地，但劉備卻藉故不與巡官會面，偷偷地與部下潛入巡官下塌處，將就寢中的巡官綁起，吊於樹上，並用鞭子抽打。

劉備原想將那巡官殺掉，但拗不過巡官的苦苦哀求，才放了他。

其實，人非聖賢，是不可能十全十美的，即使是劉備，也有其暴戾的一面。不過，我們為人處世應有一定的法則，當我們從事這件事時，就不能用另一種方式來應付，尤其身為一國的統帥，更是不可輕忽，一定要以全體的利益為主。

一六四、生不逢時

本欲與將軍共圖王霸之業者，以此方寸之地也。今已失老母，方寸亂矣。無益於事，請從此別。

（『蜀書』諸葛亮傳）

徐庶為劉備之部將，當劉備占領荊州時，他曾力薦諸葛亮給劉備。長阪之戰，劉備不幸慘敗給曹操，徐庶也因其母被捉去當人質而含淚投降，他指著自己的胸口道：「本欲與將軍共圖王霸之業者，以此方寸之地也。今已失老母，方寸亂矣。無益於事，請從此別。」

徐庶在曹操手下，始終是英雄無用武之地，諸葛亮嘆道，他應是一個受重用之人。世上豈能事事皆盡如人意，當你遇到一個不能欣賞你的人時，不論你做什麼都是枉然。譬如參加作文比賽或某項考試，閱讀你的文章的人，若與你的觀念不一，你就不可能有好成績，如果他又很主觀，你就更不可能脫穎而出了，所以有時候機運也很重要，生不逢時或地，都是一種悲哀。

一六五、寧為玉碎不為瓦全

近者奉辭伐罪，旄麾南指，劉琮束手。今治水軍八十萬眾，方與將軍會獵於吳。

（『吳書』吳主傳）

西元二〇八年，曹操胸懷統一天下的野心，逐漸向南征討。他在絲毫沒動到武力的情況下，就將荊州之地納為己有，並且漸攻入為劉備所占領的當陽。此時，只剩吳之孫權一人，所以曹操便寫信給孫權道：「近者奉辭伐罪，旄麾南指，劉琮束手。今治水軍八十萬眾，方與將軍會獵於吳。」

他只是想以委婉的方式勸孫權投降，當時孫權二十七歲，在曹操眼中，孫權只不過是個年輕小伙子，所以，他希望孫權不要浪費了青春，應識時務投降，然而曹操這番苦心，似乎並沒有得到孫權的重視。

當吳的大臣們接到曹操的勸降書時，都大驚失色，討論應如何投降，但孫權卻接受年輕一派的周瑜、魯肅之建議，採迎戰到底的方式，絕不接受敵人的勸降。故引發了有名的赤壁之戰。

年輕人的血氣方剛，其潛力是頗為驚人的，在年輕時只怕不做而已，所以，我們應抱著「寧為玉碎不為瓦全」的精神，如此還可能有得勝的機會，若不戰而降，則恐怕永無翻身之日了。

一六六、先見之明

逆順有大體，強弱有定勢。以人臣而拒人主，逆也。以新造之楚而禦國家，其勢弗當也。以劉備而敵曹公，又弗當也。三者皆短，欲以抗王兵之鋒，必亡之道也。

（『魏書』劉表傳）

西元二〇八年，繼承其父劉表，才剛成為荊州之主不久的劉琮，在不戰情況下就將荊州讓予曹操，主要是他聽了部下這樣的諫言：「逆順有大體，強弱有定勢。以人臣而拒人主，逆也。以新造之楚而禦國家，其勢弗當也。以劉備而敵曹公，又弗當也。三者皆短，欲以抗王兵之鋒，必亡之道也。」

曹操的政策是擁立漢獻帝，但他的用意是「挾天子以令諸侯」，有稱霸天下的野心，所以劉琮以一個新主而想與曹操的勢力相對，不等於以卵擊石嗎？他的部下看出必然的結果而向劉琮進諫，劉琮為了不讓自己因與強敵相對而有滅亡之危，故採不戰而降的方式保命，這大概也算是一種先見之明吧！

一六七、真正的人才

誠因此時，奉主上以從民望，大順也。秉至公以服雄傑，大略也。扶弘義以致英俊，大德也。天下雖有逆節，必不能為累，明矣。

（『魏書』荀彧傳）

曹操能在群雄割據中出類拔萃，主要是他能將漢獻帝迎回許都，這計畫是由荀彧策劃的，他曾做以下的建議：「誠因此時，奉主上以從民望，大順也。秉至公以服雄傑，大略也。扶弘義以致英俊，大德也。天下雖有逆節，必不能為累，明矣。」

根據荀彧的建議，故曹操能穩守洛陽，迎天子以定都。荀彧常常料事如神，故曹操相當信任他。

能找到一個有識之士，是一個領導者的福氣，同樣的，我們能選出一個有為的人為我們做事，也是很幸運的，若大家在選舉時，都能仔細地挑選出一個真正能為眾人做事，不為自己利益權勢而為的人，相信國家也能迅速地建設及進步，這是大家欣見的。

一六八、和平使者

吾思之久矣，未得其人耳。今日始得之。（『蜀書』鄧芝傳）

夷陵之戰後，逞一時之勇的劉備處於險境，孫權因此前來和談，交涉進行中，劉備突然駕崩，諸葛亮心想，孫權聞訊可能會改變策略，因而為應派誰為使者傷透腦筋。此時，皇帝的政務秘書鄧芝前來拜見諸葛亮，向他進言：「陛下還是幼弱之身，且剛即位不久，當務之急應是恢復與吳的外交關係，丞相應派一個有能之人前去媾和才是。」

諸葛亮答道：「吾思之久矣，未得其人耳。今日始得之。」

鄧芝問道：「您認為誰是適當的人選呢？」

諸葛亮答道：「就是你。」

就這樣鄧芝被任命為和平交涉的使者，並且不負諸葛亮所託，順利完成任務，孫權也相當欣賞他的為人。一個有識之士是能盱衡時勢的，鄧芝因能切中時弊，故使諸葛亮的政策順利推展，鄧芝的確是不凡哪！

一六九、忍一時野心成就大業

施于有政。是亦爲政。若天命在吾。吾爲周文王矣。（『魏書』武帝紀）

曹操挾天子以令諸侯，故他是隨時可以稱帝的，但是，因他對背負簒位者之名很警惕，所以，不願當皇帝還活著時即帝位。有一個叫夏侯惇的，是他舉兵以來就與他共患難的長輩，勸他道：

「漢的氣數已盡，新的時代將臨，這是眾所周知的事。自古以來，為民除害，團結民心的人才能為天下共主，主公三十年來始終疲於戰場，為人民犧牲奉獻，此時正是順天應人、眾望所歸之時，請主公不要遲疑。」這些大臣不斷地勸曹操三思，但曹操卻答道：「施于有政，是亦為政，若天命在吾，吾為周文王矣。」

文王是奠立周朝基礎的創業者，但他在任殷朝丞相時，也從未生簒位之心，直到武王打敗了紂王，才開始周王朝的建立。

當曹丕登基後，便追封其父曹操為魏武帝，可見曹操是如何地有見識，他能鑑於簒位者在史上所遭致的惡名而忍一時之野心，終於成就了大業。

一七〇、以對方的情勢為腹案

惟明者能深度彼己，予有所棄。此非其所及也。今懸軍遠征。將謂不能持久，必先距遼水而後守。此中下計也。（『晉書』宣帝紀）

西元二三八年，遼東的公孫淵發兵反魏，司馬懿任魏軍統帥，出發前與明帝談及作戰策略，他提出用設身處地的方式忖度敵人的戰略。

其中有人問他道：「那麼，敵人將採何策呢？」

司馬懿答道：「以對方的情勢為腹案，必要時也可以放棄據地——惟明者能深度彼己，予有所棄，此非其所及也。今懸軍遠征，將謂不能持久，必先距遼水而後守，此中下計也。」

結果公孫淵的策略果然不出司馬懿所料。我們姑且不論這場戰爭的勝敗，但凡事能設身處地以對方的情勢來衡量，也不失為一個好策略，所謂「知己知彼，百戰百勝」，能洞察敵方的有無與優劣，才能趁虛而入，打一場漂亮的仗。

一七一、居於平庸者之下的悲哀

勝負變化，不可不詳。今宜留屯延津，分兵官渡。若其克獲，還迎不晚。設其有難，眾弗可還。

（『魏書』袁紹傳）

戰局往往會有令人意想不到的變化。當袁紹與曹操在官渡之戰時，袁紹曾下令全軍渡河，一口氣攻下官渡，但其身邊參謀沮授卻勸道：

「勝負變化，不可不詳。今宜留屯延津，分兵官渡。若其克獲，還迎不晚。設其有難，眾弗可還。」

但袁紹不聽，認為袁軍為曹軍十倍，一定能輕易擊退曹軍，所以，仍然下令越過黃河，沮授嘆道：

「在上者野心勃勃，在下者彼此爭功，悠悠黃河啊！我是否能再返故鄉呢？」

在一個平庸者之下做事，所提議的卻得不到在上者的贊同，真是孤掌難鳴，苦不堪言啊！沮授應該會感歎自己錯生在袁紹手下，致使有志難伸吧！

一七二、量力而為

人才力相縣若此甚遠，此非吾之所及也，聽事終日，猶有不暇爾。

（『蜀書』費禕傳）

董允與費禕皆是在諸葛亮之後，輔佐後主劉禪的賢臣。而接任費禕為政務秘書的，是個只會做官而不會做事的人。

他一開始學習費禕的執政態度，因而處事有板有眼，但不到十天，原形畢露，將政事擱置一旁。董允見了嘆道：「人才力相縣若此甚遠，此非吾之所及也，聽事終日，猶有不暇爾。」

費禕有過人的判斷力，據說他閱讀文書的速度較常人快數倍，所以，他能有優秀的處理政事的方法，是一般人無法企及的。

其實，在各個領域的一般人，只要一步一步穩健踏實地做就好了，若想模仿有特殊才藝的人，不但是自不量力，也是扼殺了自己，縮短了自己的生涯。

一七三、領導者牽一髮而動全身

三軍以將爲主，主衰則軍無奮意。（『魏書』荀攸傳）

西元一九八年，曹操正要攻下邳城的呂布時，因為兵疲馬困，久攻不下。曹操道：「現在萬不得已，我軍只好撤退。」

但謀臣荀攸卻勸道：「呂布只是有勇無謀之人，在連吃敗仗下，相信他的元氣已受到重挫了。『三軍以將為主，主衰則軍亦無奮意』。在呂布的銳氣未恢復前，是攻他的最佳時機，若我們能增強己力，定能克敵致勝。」

曹操聽取荀攸的建議繼續攻擊，終於成功地活捉了呂布。

一個領導者應消極或積極，懦弱或勇猛，都必須拿捏準確，因為每一種心態都會影響全軍士氣，一個發號施令的人，若沒有主見，沒有遠慮，就魯莽地做決定，是會毀掉整支隊伍的，所以，主軍誠然不可不慎。

一七四、了解敵情

今操已擁百萬之衆，挾天子而令諸侯，此誠不可與爭鋒。孫權據有江東，已歷三世。國險而民附，賢能爲之用。此可以爲援而不可圖也。

（『蜀書』諸葛亮傳）

諸葛亮在劉備三顧茅廬的盛情之下，向劉備提出天下三分之計，他分析舉出當時天下的情勢與群雄的勢力，其中一節如下：

「今操已擁有百萬之眾，挾天子而令諸侯，此誠不可與爭鋒。孫權據有江東，已歷三世，國險而民附，賢能為之用。此可以為援而不可圖也。」

其大意為曹操擁百萬大軍，挾天子以令諸侯，孫權由父孫堅、兄孫策之後繼任已歷三代，並據守長江的天然要塞，人民依附，有賢能臣下輔佐……若要正確地掌握競爭對象，則首先要了解敵情，才能制定方策以為應付。

對敵人的實力若不能掌握，即使有再好的策略，依然發生不了作用。諸葛亮這番話就是要提醒劉備，要安然立足，一定要能先掌握對手的力量，再評估制定制勝之道。孫子兵法上說：知己知彼、百戰百勝，也就是指這個意思了。

一七五、英明的人能善用其地

荊州北據漢、沔，利盡南海，東連吳、會，西通巴、蜀。此用武之國，而其主不能守。此殆天所以資將軍，將軍豈有意乎？（『蜀書』諸葛亮傳）

曹操與孫權彼此都擁有穩固的基礎，若他們瞬間有了變化，劉備又應如何應對呢？所剩也只有西方一處罷了。故諸葛亮對劉備分析荊州道：

「荊州北據漢、沔，利盡南海，東連吳、會，西通巴、蜀。此用武之國，而其主不能守。此殆天所以資將軍，將軍豈有意乎？」

大意是：荊州北有漢水、沔水為依據，南連南海廣大沃野，東與吳境相接，西可通巴、蜀。是群雄所覬覦的土地，現在州牧劉表守備力量薄弱。這是天助將軍，不知將軍意向如何。

同時，西方益州漸成一富庶之地，但由於州牧劉璋很無能，所以，劉備極有機會取而代之。一個好地點，若沒有一個英明的領導者，即使物產豐隆，地靈人傑，也形同廢土，故劉備能取得是最恰當不過的。

一七六、描繪一藍圖以取天下

將軍既帝室之胄。信義著於四海。總攬英雄，思賢如渴。（『蜀書』諸葛亮傳）

董卓之亂以來，諸葛亮對天下的情勢及群雄的力量經過確切的分析後，對劉備說道：「將軍既帝室之胄，信義著於四海，總攬英雄，思賢如渴。」

由於諸葛亮的這段話，使劉備有了更具體的方向。諸葛亮接著說：「將軍首先取荊州、益州，以鞏固天然要塞，而西方及南方的異族，也令他們歸服，再對外與孫權結合，對內則鞏固政體。等待中原情勢有變，立刻命大將由荊州向北發動攻擊，將軍獨自率益州之軍討伐，如此，人民將會高呼歡迎將軍，如同天下統一，漢室便可再興了。」

劉備聽了諸葛亮一番細述後，大歎道：「原來如此。」過去劉備始終沒有一個確切的戰略構想，至此，他才稍微勾勒出藍圖來。

一七七、欲速則不達

此大事也，不可倉卒。

（『蜀書』先主傳）

劉備入蜀是在西元二一一年，而迎他入蜀的是蜀主劉璋。劉璋大宴賓客歡迎劉備，有人曾建議劉備：「若在歡迎會中將劉璋暗殺，則從此不但可總攬兵權，你也可獲得全州。」但劉備卻答：「此大事也，不可倉卒。」

奪蜀對劉備來說，已是既定的方針，因為唯有如此才能完成天下三分之計。但是，劉備現在才剛入蜀地，尚未得到民心，若急於採取行動，絕非良策，這是他自己相當了解的。儘管蜀地已有許多人暗地裡不服劉璋，認為他太無能、不可靠，但以一個外來者身分的劉備，若強取蜀地，依然會起民怨的。

我們常常會遇到一些緊急事故，若心生恐懼，就會很想趕快解決它，但往往是愈想快愈做不好，所謂「欲速則不達」、「小不忍則亂大謀」，荊軻的刺殺秦王，也是因為秦武揚的沒有經驗而壞了大事。我們應學習以不變應萬變，才能創造出好成績。

一七八、勿擅離崗位

有軍任，不可得委署。儻能屈威，誠副其所望。（『蜀書』先主傳）

赤壁之戰前，孫權與劉備二軍聯盟，周瑜率吳國軍船至劉備的駐屯處樊口，劉備派遣部下招待周瑜，但周瑜卻道：「有軍任，不可得委署。儻能屈威，誠副其所望。」

故劉備將關羽及張飛叫來，對他們說：「周瑜要我們出去迎他，既然我們要與孫權結盟，就委屈二位了，否則將有損同盟之誼。」

說完，就乘小艇去迎周瑜。

劉備的顧慮固然不錯，但一個最高領導者最好不要擅自離開崗位，否則萌生事端而群龍無首，不是得不償失嗎？據說事後劉備自己也很後悔自己的輕率行為。

總之，領導者應以內部為重才是，鞏固了內部，才有餘力去對抗外患。

一七九、運用權謀

治平者先仁義，治亂者先權謀。（『魏書』劉表傳）

荊州位於長江中游，是一個富庶之地，東漢末期，三國紛爭不休，由劉表統治歷十多年，他以刺史的身分，初到荊州就任，許多大小豪族鎮日反叛朝廷，使全境形成大亂的局面。

劉表一向以儒者的身分聞名，故他一到任，就立刻去拜訪當地的名儒蒯良、蒯越兩兄弟，與他們商討如何收拾人心，平靖民亂，這兩兄弟對他說：

「治平者先仁義，治亂者先權謀。」又提出：「就連頭目們也要邀請，並將山賊一併編入軍中，但萬惡不赦的人則要問斬。」

劉表立刻遵循策略，很快就平定了荊州。雖然劉表只是一儒者之身，但由於運用得宜，還是廣施仁義政治，使人民信服。所以，能權衡情況，用法得當，才是執政者應有的執法態度。

一八〇、不智之舉

無欲除疾而更深之邪。

（『魏書』三少帝紀）

魏的第四代皇帝曹髦是曹丕之孫，自其即位來，大權即落入司馬昭之手，他則是徒具其名而無實權。

有一天，曹髦心情不佳，將左右侍衛叫來，對他們說：「若我繼續保持沈默，我知道有一天我將有廢位之危，但我不想受屈辱。」

於是他決定刺殺司馬昭，但其左右阻止他，說道：「無欲除疾而更深之邪。」但曹髦已忍無可忍了，便道：「你們不要再說了，我心已決，視死如歸。」說完，他即率官兵數百人從宮中殺出，而他自己也拔劍奮戰，不消多久，他便死於亂劍下，當時年僅二十歲。

曹髦在絲毫沒有任何把握下發兵，真是有勇無謀的最佳例子。

一八一、坐而言不如起而行

高帝明並日月，謀臣淵深。然涉險被創，危然後安。今陛下未及高帝，謀臣不如良、平，而欲以長計取勝，坐定天下，此臣之未解一也。

（『蜀書』諸葛亮傳）

諸葛亮在「後出師表」中，曾從六個觀點來對反對遠征做說明。他舉出：「高帝明並日月，謀臣淵深。然涉險被創，危然後安。今陛下未及高帝，謀臣不如良、平，而欲以長計取勝，坐定天下，此臣之未解一也。」

高帝指的是後漢創業者劉邦，他曾敗給其敵項羽，幾乎喪命，但最後劉邦能採用張良、陳平的計策，掌握天下大局，實是有遠見之人。諸葛亮明白高帝得有能之人，故可以轉危為安，所以後主劉禪也應起而效行，才能統一天下，若只是坐待天下人歸向，似乎不可得。

我們處事也是如此，不可只是光說不練，最好的是做了才說，這樣，不但能獲得別人的信任，自己也能因此而肯定自己。

一八二、有萬全的準備

今欲減兵省將，明罰思過，校變通之道於將來。若不能然者，雖兵多何益。

（『蜀書』諸葛亮傳）

諸葛亮第一次北伐失敗退至漢中，曾有人勸他繼續攻擊，因為有人發現魏軍防衛體系有疏忽的地方，但諸葛亮卻道：「今欲減兵省將，明罰思過，校變通之道於將來。若不能然者，雖兵多何益。」

大意是：我們以優勢兵力進擊祁山，聲討逆賊魏軍，不但沒有破逆賊，反為逆賊所敗。徹查其原因不在士兵，而是最高指揮官的錯判。有鑑於此次經驗，目前所要做的，是採少數精銳的精兵制，賞罰要分明，有過失馬上檢討，講明打開將來的策略。若不能這樣，雖擁有大批兵眾又有何用。

兵力上縱然勢力強大，也未必能取勝的，若真要克敵致勝，就要有一番深思熟慮，做一番萬全的準備，才可能成功，不可一味地仗著自己的勢力。

一八三、由小見大

三人務於精熟，而亮獨觀其大略。每晨夜從容，常抱膝長嘯，而謂三人曰，卿三人仕進可至刺史、群守也。三人問其所至，亮但笑而不言。

（『蜀書』諸葛亮傳）

建安年間（西元一九六－二二〇年），諸葛亮曾與三位友人出外遊學，這些人都是溫文莊重而拘謹，課堂上，諸葛亮總是先大略瀏覽，再細細品味書中真諦，時常抱膝對著外面的秀麗景緻吹口哨，而他的同學則規規矩矩地沈浸於書中天地，一分鐘也不離書本。諸葛亮看了，對他們說：「你們幾個將來如果拜官，也只能做到州刺史或太守罷了。」他們反問諸葛亮：「那你又會有什麼成就呢？」諸葛亮笑而不答。

其實，諸葛亮對自己很有自信，只是他不敢說出來罷了。一個有為者，由一些小事就可窺見其非凡的光輝，我們讀書應懂得舉一反三、觸類旁通，若只是死讀書而不知變通，吸收而不消化，最後必會循環不良，而阻塞難行了。

一八四、適當的用度

雅性節儉，不好華麗，後宮衣不錦繡，侍御履不二采，帷帳屏風，壞則補納，茵蓐取溫，無有緣飾。（『魏書』武帝紀）

有人批評曹操為一吝嗇寡言者，以下是有關曹操的人物評論：「雅性節儉，不好華麗，後宮衣不錦繡，侍御履不二采，帷帳屏風，壞則補納，茵蓐取溫，無有緣飾。」

曹操馳騁疆場數十年，一直有統一天下的野心。但在他剛即位不久，對其身邊事物及後宮的大大小小事件全然不加關心，他是個實質主義者，崇尚節儉，不喜歡奢華，因此，他常說：「穿衣只要保暖即可。」

他的夫人鄭皇后也是一個儉約之人，所以，他對鄭夫人又敬又愛。但我們由其人物評論中可看出，曹操似乎儉約過度了，有時省其所當省，用其所當用才是最合宜的，太過與不及都不當，我們應該量入為出，開源節流才是。

一八五、一句話的力量

諸人徒見操書言水步八十萬，而各恐懾，不復料其虛實，便開此議，甚無謂也。

（『吳書』周瑜傳）

孫權採周瑜、魯肅的建議，對曹操軍宣戰，其實，孫權內心也有些許的不安，因為吳、魏的兵力過於懸殊，這場戰爭似乎很冒險，周瑜看出孫權的心意，所以在會議結束後，便潛入孫權寢處，對他再一次進言：

「諸人徒見操書言水步八十萬，而各恐懾，不復料其虛實，便開此議，甚無謂也。」

周瑜對曹軍徹底做了一番分析，認為大家都驚怕於曹操表面上水陸兩軍共有八十萬，其實，曹軍只不過十五、六萬，而且個個精疲力盡，新加入的兵士，也並非都聽曹操的指揮，孫權實可以放心。為了安撫孫權的不安心態，周瑜斬釘截鐵地說：「光是我一人就能將曹軍置於死地，請您不要擔心。」

就這麼一句話，才完全消除孫權的心中之結。

一八六、有為者的智慧之光

吾觀孫氏兄弟雖各才秀明達，然皆祿祚不終。惟中弟孝廉，形貌奇偉，骨體不恆，有大貴之表，年又最壽，爾試識之。（『吳書』吳主傳）

當孫權跟著其兄孫策南征北討之際，有一回，由漢王室來了一名使者，孫策忙將奇珍異寶賞給這位使者，這位朝廷來的使者看了一旁的孫權後，對眾人道：「吾觀孫氏兄弟雖各才秀明達，然皆祿祚不終。惟中弟孝廉，形貌奇偉，骨體不恆，有大貴之表，年又最壽，爾試識之。」

這位使者所言不虛，孫權的確自年輕時即有大將之風，為君之貌。其兄孫策對他也是讚不絕口，認為弟弟某些方面甚至較自己高明，於是自孫權年幼時，即常將他帶於身邊，一邊訓練他，使他學習修武治術；而孫權也能汲取精華，智慧之光時時閃現，可見有為者總是鋒芒畢露的。

一八七、有功必賞

吾爲益州征強敵。師徒勤瘁，不遑寧居。今積帑藏之財而吝於賞功。望士大夫爲出死力戰，其可得乎？（『蜀書』先主傳）

劉備在入蜀的第二年，與劉璋間雖還維持共存關係，但已經產生很微妙的變化了。當時，劉備為了援救荊州的關羽及孫權，便向劉璋商借軍糧及一萬名士兵，但劉璋只答應借他四千名兵及一半的軍糧。

所以，劉備很不悅地怒道：「吾為益州征強敵，師徒勤瘁，不遑寧居。今積帑藏之財而吝於賞功。望士大夫為出死力戰，其可得乎？」

一個主事者絕不可吝於賞功，否則部下便很難為其效命，畢竟人總是需要鼓勵的，若花了大量時間及體力，卻得不到絲毫的獎勵，久而久之必定無心再為之。所以，賞罰分明是在上位者應切記的，能切實踐履，部下也會願意為你肝腦塗地。

一八八、治理之道

眾不附者，仁不足也。附而不治者，義不足也。苟仁義之道行，百姓歸之如水之趣下。

（『魏書』劉表傳）

劉表任荊州刺史是在西元一九〇年，當時，地方上的豪族都擁兵自重與朝廷為敵。劉表獨自去州都襄陽拜訪豪族中的一位名士，說道：「我也很想糾集軍隊以壯軍勢，但我需要各位協助。」名士道：「眾不附者，仁不足也。附而不治者，義不足也。苟仁義之道行，百姓歸之如水之趣下。」

那些豪族領土內的人民並不服從其統治，但他們不但不施「仁義」，反而採高壓強硬的手段來統治，結果人民離心離德，造成其內境混亂，時有叛賊出現，不施行仁政，怎叫百姓心服口服。

那位名士所言極是，民心不歸向，是仁德不足之故；而歸順後又不得治理，是行義不足，若仁義相互為用，廣被於民，則人民必定會願意服從的。

一八九、為戰之道

軍事大要有五。能戰當戰。不能戰當守。不能守當走。餘二事惟有降與死耳。

（『晉書』宣帝紀）

魏北方的遼東之地很早就呈半獨立狀態，當時，魏明帝派司馬懿為統帥，去討伐叛賊公孫淵，司馬懿不負明帝所託，成功地擊敗叛賊公孫淵，解決了明帝的心腹之患。

司馬懿能致勝，是因為他很清楚自己的情形，由於魏軍的北伐算是遠征軍，最不利的就是打長期戰，所以，他對公孫淵頻施壓力，逼得公孫淵不得不派使者來和談，司馬懿對使者冷冷的說道：「軍事大要有五：能戰當戰，不能戰當守，不能守當走。餘二事惟有降與死耳。」

在公孫淵要求和談後，卻被捕而遭斬殺，遼東之地復歸魏屬。若公孫淵能清楚司馬懿的心機，也就不會遭致殺身之禍了。

一九〇、不違君命

信恃舊盟，言歸於好，是以不嫌。若魏渝盟，自有予備。

（『吳書』吳主傳）

孫權向魏稱臣被封為吳王，是在西元二二一年。當時，孫權在與蜀決戰之前，為了討好魏文帝，便派使者沈珩送吳國的產物為貢品獻給魏王。

當沈珩來到魏國，魏文帝立刻問他：「孫權是否懷疑我軍會攻吳？」沈珩答道：「信恃舊盟，言歸於好，是以不嫌。若魏渝盟，自有予備。」大意是：貴國與我國已結同盟，以後當朝增進友好關係而努力。如果貴國懷疑吳國的誠意，而破壞同盟，我方也有應急的防衛之道。

文帝對沈珩的答話很滿意，就將他招至身邊，終日與其談笑。沈珩的一言一行都影響著吳國的聲譽，所以他一直小心翼翼、應對得體。

沈珩因受君命所託，所以舉止都不敢踰矩，處處為吳國著想，不因受魏文帝的禮遇而生貳心，真是一個不違君命的忠臣。

一九一、假降誘敵

今寇眾我寡，難與持久，然觀操軍船艦首尾相接，可燒而走也。

（『吳書』周瑜傳）

赤壁之戰中，吳軍雖然處於劣勢，卻能反敗為勝，其中最大的功臣就是老將黃蓋，他是自孫堅舉兵以來就隨侍於旁的。黃蓋與周瑜曾經向孫堅獻策：「今寇眾我寡，難與持久，然觀操軍船艦首尾相接，可燒而走也。」

黃蓋故意寫了封降書給曹操，並且獨自乘小艇接近曹軍，假裝投降。為了令奸滑的曹操信以為真，周瑜和黃蓋還表演了一場苦肉計。結果曹操果真中計，曹軍兵船付之一炬，粉碎了他統一天下的美夢。

所謂「兵不厭詐」，曹操的一時大意，造成無盡的悔恨，這是他始料不及的。而周瑜與黃蓋間的苦肉計，也就是我們耳熟能詳的：「周瑜打黃蓋——一個願打，一個願挨」，為了救吳軍，甘願做此犧牲，終於沒有白忙一場。

一九二、危急存亡之秋

先帝創業未半而中道崩殂。今天下三分，益州疲弊，此誠危急存亡之秋也。然侍衛之臣不懈於內，忠志之士忘身於外者，蓋追先帝之殊遇，欲報之於陛下也。

（『蜀書』諸葛亮傳）

諸葛亮在與吳修好，平定南方蠻族，解決內憂外患後，決定北伐魏，此時是蜀建興五年（西元二二七年）。他最放心不下的是必須留下新主劉禪，獨自遠征，故在出征前，他上「出師表」予幼主，希望主上能有所自覺。其中一節為：

「先帝創立大業但不幸中途御崩。現在天下三分，益州又極為疲弊，這實在已面臨危急存亡之秋。但朝廷近侍之臣精勵不懈，忠義之士捨生命於外，都是追慕受先帝特別恩顧，所以回報於陸下。」

諸葛亮這是站在蜀的立場所做的諫言，句句肺腑，聞者無不動容。故自古有一句名言道：「讀出師表而不涕者，其人必不忠。」所言不虛。

一九三、忠言逆耳利於行

誠宜開張聖聽，以光先帝遺德，恢弘志士之氣，不宜妄自菲薄，引喻失義，以塞忠諫之路也。宮中、府中俱為一體，陟罰臧否，不宜異同。若有作奸犯科及為忠善者，宜付有司論其刑賞，以昭陛下平明之理，不宜偏私，使內外異法也。

（『蜀書』諸葛亮傳）

以下亦為「出師表」中一節：

「陛下要廣開言論，傾聽逆耳的忠言，以光耀先帝的遺德，努力提升臣下的志氣，不可以輕意忽略自己，過分地看不自己，不可讓歪理得逞，使正當忠義的諫言退縮。內廷和外廷都是一體的，功罪的評定不可不公平。若有人犯了不正當法令，或有人盡了忠節，都要交付議處以決定賞罰，以昭示陛下的公正嚴明。不應因循私情，務必使內廷和外廷的立法沒有差別。」

諸葛亮不啻為一忠臣，受先帝劉備的遺命，輔佐後主劉禪不遺餘力，其「出師表」中懇切地希望劉禪能不辱先帝，如此自然能富國強兵，使蜀穩固安定。

一九四、與值得信賴之人商討

侍中、侍郎郭攸之、費禕、董允等，此皆良實，志慮忠純，是以先帝簡拔以遺陛下。愚以為宮中之事，事無大小，悉以咨之，然後施行，必能裨補闕漏，有所廣益。

（『蜀書』諸葛亮傳）

剛才我們提到，身為一個領導者，應有一基本心態，那就是要能接受諫言，對臣下也能一視同仁，對自己的行為更要謙遜。總之，有功必賞，有過必罰，部下定能因而遵守紀律。

諸葛亮又具體提出幾個值得信賴之人：「侍中、侍郎郭攸之、費禕、董允等，都是誠實、忠義的人，是由先帝拔擢之後，留下來給陛下的。我認為宮中的大小事情，全部可與他們咨商，然後再來施行，必定能彌補遺漏，而有所廣大益處。」

國家大事能與值得信賴的人共同商討，必有所助益，因為同是以國之興亡為己任，方針一致，意見即使分歧，也全是為了共同的理想，不會夾雜惡於國的貳心，這實在是很重要的。

一九五、以和為貴

將軍向寵，性行叔均，曉暢軍事，試用於昔日，先帝稱之曰能，是以眾議舉寵爲督。愚以爲營中之事，悉以咨之，必能使行陳和睦，優劣得所。

（『蜀書』諸葛亮傳）

以下又是節錄「出師表」中的一段：

「將軍向寵是位沈著公平，通曉軍事的人，經過幾次的嘗試，先帝稱讚他是有能力的人，因此，獨排眾議，推舉他為督都。我認為有關大小軍事可以與他咨商，必定能使全軍和諧，去劣得優。」

這段談到向寵雖為武將，但在軍政方面也不失為一優秀人才，後主應重用之。而組織應以和為貴，若內部鬩牆，鬧得雞犬不寧，豈不是會讓敵人乘虛而入嗎？前方與後方間的聯繫也不可斷，彼此互通聲息，有所照應，才是正確治國之道。

一九六、親賢臣遠小人

親賢臣，遠小人，此先漢所以興隆也。親小人，遠賢臣，此後漢所以傾頹也。先帝在時，每與臣論此事，未嘗不嘆息痛恨於桓、靈也。侍中、尚書、長史、參軍，此悉貞良死節之臣，願陛下親之信之，則漢室之隆，可計日而待也。

（『蜀書』諸葛亮傳）

「親近賢臣，遠離小人，這是先漢所以會興隆的原因。親近小人，遠離賢臣，這是後漢所以傾頹的原因。先帝在時，每每與臣論及此事，未嘗不嘆息痛恨於桓、靈的昏庸。侍中、尚書、長史、參軍，這些都是貞良死節之臣，願陛下親近他們、信任他們，那麼，漢室的興隆，就可計日而待了。」

桓帝、靈帝重用外戚、宦官，造成黨錮之禍，使後漢王朝毀於一旦。諸葛亮舉先帝所痛恨之事，希望後主能親賢臣，遠小人，使漢室復興隆盛。

一九七、三顧茅廬

臣本布衣，躬耕於南陽，苟全性命於亂世，不求聞達於諸侯。先帝不以臣卑鄙，猥自枉屈，三顧臣於草廬之中，諮臣以當世之事。由是感激，遂許先帝以驅馳。

（『蜀書』諸葛亮傳）

劉備曾經三顧茅廬於諸葛亮，「出師表」中也曾提到：「我本來無位無官，在亂也中於南陽自己耕種過日，並不要求光榮顯達。先帝不以臣為卑賤之身，委屈自己，三次親自到我的簡陋房子，問我當前的天下各問題。由於感激先帝的盛情，因此誓言雖粉身碎骨，也要為先帝賣命。」

為了挖掘人才，領導者往往不畏艱難，千里迢迢地去拜訪、敦請，諸葛亮就是為劉備的盛情所感動的。我們也常常在人生路上尋找知音，有時會嘆：「相識滿天下，知音無一人。」

可見知己的確不易尋得，茫茫人海，與我們擦身而過的人不少，但是，那一個才是知己呢?當我們在有緣人中發現一名與我們相似、為我們所欣賞的人時，是否會珍惜呢?相信一般人必定會害怕失去這位朋友。

一九八、委任後事

後植傾覆，受任於敗軍之際，奉命於危難之間，爾來二十有一年矣。先帝知臣謹慎，故臨崩寄臣以大事也。受命以來，夙夜憂嘆，恐託付不效、以傷先帝之明。故五月渡瀘，深入不毛。（『蜀書』諸葛亮傳）

此段也是「出師表」的文章。

所謂「後植傾覆」就是在長阪橋的敗北，而「奉命於危難之間」就是諸葛亮獨自前往吳國與孫權締結盟約，劉備見諸葛亮能謹慎從事，故將後事託付與他；諸葛亮不辱君命，無一刻敢鬆懈。

劉備沒有錯看諸葛亮，他將其子劉禪委諸葛亮輔佐，並說若其子不能，則諸葛亮可取而代之。事實證明諸葛亮對後主忠主耿耿，是一種對先帝劉備的敬意，他們君臣之間約二十年如「魚水之交」的關係，真是我們的最佳典範。

一九九、報先帝之德

今南方已定，兵甲已足，當獎率三軍，北定中原。庶竭駑鈍，攘除奸凶，興復漢室，還于舊都。此臣所以報先帝，而忠陛下之職分也。至於斟酌損益，進盡忠言，則攸之、禕、允之任也。（『蜀書』諸葛亮傳）

「現在南方已平定，軍備也十分充足，應當獎賞三軍後，率全軍向北以平定中原。我願意竭盡平凡之才，掃滅邪惡奸凶，再興漢室，以歸返於舊都洛陽。這是臣報先帝知遇之恩，而回報於陛下的責務。至於洞察得失，奉呈忠言，可以委由郭攸之、費禕、董允任務。」

諸葛亮南征北討，為的是報先帝劉備之德，如今南方蠻族已平，而北伐尚進行中，故待伐魏成功，才還都回鄉，誠鞠躬盡瘁，死而後已。

二〇〇、鞠躬盡瘁

願陛下託臣以討賊興復之效。不效，則治臣之罪，以告先帝之靈。若無興德之言，則責攸之、褘、允等之慢、以彰其咎。陛下亦宜自謀，以諮諏善道，察納雅言，深追先帝遺詔，臣不勝受恩感激，今當遠離，臨表涕泣，不知所言。

（『蜀書』諸葛亮傳）

這些都是錄自諸葛亮的「出師表」，全文共三百五十字，是諸葛亮遠征前上書於後主劉禪的，其目的是希望後主能追念先帝劉備之遺詔，察納雅言，勿聽信佞臣之危言而壞了大事，亂了方寸。

諸葛亮身為人臣，卻能時刻心繫家國，為君主效命，真是賢良忠貞之士。

現在能一心一意為國效忠的人不多了，許多人只求保官而已，根本不為全民著想，實在應該感到慚愧。

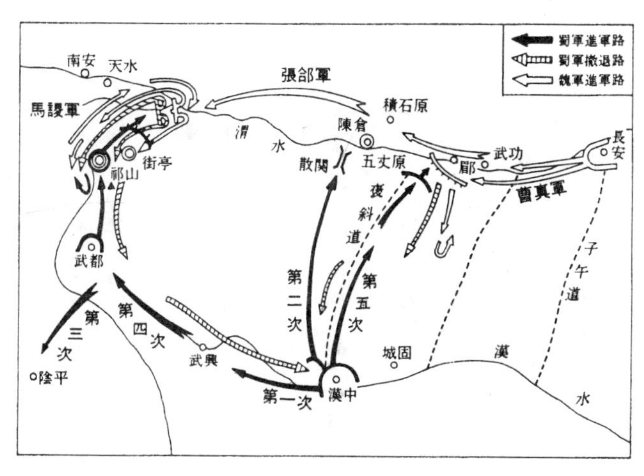

五丈原之戰要圖

小常識④

五丈原之戰

諸葛亮自西元二二八年至二三四年五次伐魏，為了完成先帝劉備託他復興漢室的大業使命，故他最後與司馬懿對峙於五丈原。

由於司馬懿看出蜀軍遠征，兵糧補給不足，諸葛亮又病於陣中，故決定採持久戰。在對峙約一百天後，諸葛亮終於陣亡於五丈原，享年五十四歲。

兩方的對決，明顯地，司馬懿取得最後的勝利，同時洗刷了司馬懿採取持久戰，被譏為「懦夫」的嘲諷。

『三國志』相關年表

西元	事項	備考
一八四	黃巾之亂。曹操（三十歲），孫堅（二十九歲），劉備（二十四歲），皆參加討伐而建功。	
一八九	靈帝歿，少帝即位。外戚何進、袁紹、袁術聯合殺宦官。宦官張讓暗殺何進，袁紹、袁術又聯合殺宦官達兩千多名。董卓攻上洛陽，掌握朝政，廢少帝擁獻帝。袁紹、袁術、曹操由洛陽逃至關東。	
一九〇	劉表任荊州刺史。關東群雄紛紛投靠袁紹，並舉兵反董卓。董卓強行遷都長安，焚燒洛陽。	少帝、董卓被殺
一九一	袁紹、韓馥爭奪冀州之牧地位。荀彧自袁紹處投靠曹操。	
一九二	王允、呂布殺董卓。曹操為兗州牧，青州黃巾三十餘萬人降曹，曹操取精銳號稱「青州兵」。孫堅與劉表之將黃祖戰，堅歿（三十七歲），孫策（十八歲）承其後。	此時，張魯在漢中擴張五斗米道之勢。
一九四	曹操被呂布、陳宮奪兗州地逃逸。陶謙病歿，劉備任徐州牧。	在此時期，連年飢饉，餓殍遍野。

一九五	曹操在定陶敗呂布，奪回兗州，呂布投效徐州劉備。	
一九六	劉備與袁術之戰，呂布奪徐州，此時劉備投靠曹操。曹操將獻帝迎至洛陽，自稱大將軍，開始屯田政策。	
一九七	孫策在江東獨立。	
一九八	曹操攻徐州，殺呂布、陳宮。	
一九九	劉備逃回曹操處，再一次占徐州。	鄭玄歿。
二〇〇	曹操打敗劉備奪徐州，捕關羽。劉備投靠袁紹，關羽在白馬之地殺袁紹之將顏良後，又回到劉備身邊。曹操在官渡迎戰袁紹的十萬大軍。官渡一戰，曹操勝，而展開統一華北之計。孫策遭暗殺（二十六歲），孫權承其後。	
二〇一	曹操在汝南破劉備，劉備賴劉表入荊州。	
二〇七	劉備「三顧茅廬」訪諸葛亮，談天下三分之計。	
二〇八	劉表歿，子劉琮繼。曹操任丞相，南征荊州。劉琮不戰下渡荊州。劉備在當陽長阪處敗北，逃至夏口。孫權與劉備結盟，在赤壁大破曹軍，奠定天下三分之勢。諸葛亮為劉備軍師。	孔融被曹操殺。
二〇九	劉備任荊州牧據公安。龐統與諸葛亮皆為劉備軍師。	此時，建安新文化盛行。
二一〇	周瑜歿（三十六歲），魯肅繼任。	曹操建銅雀台。
二一一	曹操在潼關征馬超、韓遂。劉備被迎入蜀。	
二一二	孫權開始著手經營建業（南京）。	

二一三	劉備攻成都，龐統亡於雒城。	
二一四	馬超投效劉備，劉備投效劉璋，為益州牧。 劉備與孫權在荊州相對立。	
二一五	曹操伐張魯，平漢中。 諸葛亮與瑾兄弟會談後，劉備與孫權相分荊州。	
二一七	劉備攻漢中。 魯肅病歿（四十六歲），呂蒙繼任。	此年，疲病大流行。
二一九	劉備擊退曹操，為漢中王。 關羽受曹操、孫權夾擊，被孫權殺害，曹操與孫權成荊州牧，呂蒙病歿。	楊脩被曹操殺。
二二〇	曹操歿（六十六歲）。曹丕即帝位，建魏國，遷都洛陽。封獻帝為山陽公（西元二三四年歿）。	九品官人法制定。 此時，倭女王卑彌呼隸屬遼東公孫氏。
二二一	劉備稱帝建蜀，諸葛亮任丞相。劉備舉兵伐吳，張飛為部下所殺。 孫權向魏稱臣，被封為吳王。	
二二二	劉備出兵攻夷陵，敗給陸遜，吳離魏獨立，三國鼎立之勢告成。	
二二三	劉備歿於白帝城（六十三歲），諸葛亮輔後主劉禪（十七歲）。	
二二四	吳、蜀締結同盟。吳攻魏敗。	魏建太學。
二二五	諸葛亮採「七擒七縱」之策，平定南方蠻族。	
二二六	魏文帝曹丕病歿（四十歲），明帝曹叡即位。	
二二七	諸葛亮上「出師表」與後主劉禪，進駐漢中。	

二二八	諸葛亮出兵祁山，在街亭敗北，斬馬謖。 諸葛亮圍陳倉，不成。	
二二九	孫權稱帝，遷都建業（南京）。	
二三一	諸葛亮攻祁山，破司馬懿。	曹植歿（二三二年）
二三四	諸葛亮在五丈原與司馬懿對峙，病歿（五十四歲），蔣琬繼任。	
二三八	司馬懿伐遼東，殺公孫淵。	
二三九	明帝病歿（三十五歲），幼帝曹芳即位。司馬懿、曹爽輔政。	卑彌呼讓使節往魏，受親魏倭王之詔書及印綬。 此時，「清談」大為流行。
二四五	蜀蔣琬病歿，費禕繼任。	
二四七	曹爽專橫，司馬懿稱病，告老還鄉。	
二四九	司馬懿兵變，殺曹爽、何晏，掌握政權。	
二五一	司馬懿病歿（七十三歲），司馬師繼任。	
二五二	孫權病歿（七十一歲），幼帝孫亮即位。	
二五四	司馬師廢曹芳，立曹髦。	
二五五	司馬師病歿（四十八歲），司馬昭繼承。	
二六〇	司馬昭殺曹髦，立曹奐。	
二六三	鍾會、鄧艾伐蜀，劉禪降，蜀滅。	嵇康被處死刑（西元二六二年）。阮籍歿。
二六五	司馬昭病歿（五十五歲），司馬炎繼任，以「禪讓」之式即位後，建晉。	倭女王壹與向晉稱臣。（西元二六六年）
二八〇	孫皓降晉，吳滅，晉統一天下。	

4.	已知的他界科學	陳蒼杰譯	220 元
5.	開拓未來的他界科學	陳蒼杰譯	220 元
6.	世紀末變態心理犯罪檔案	沈永嘉譯	240 元
7.	366 天開運年鑑	林廷宇編著	230 元
8.	色彩學與你	野村順一著	230 元
9.	科學手相	淺野八郎著	230 元
10.	你也能成為戀愛高手	柯富陽編著	220 元
11.	血型與十二星座	許淑瑛編著	230 元
12.	動物測驗—人性現形	淺野八郎著	200 元
13.	愛情、幸福完全自測	淺野八郎著	200 元
14.	輕鬆攻佔女性	趙奕世編著	230 元
15.	解讀命運密碼	郭宗德著	200 元
16.	由客家了解亞洲	高木桂藏著	220 元

・女醫師系列・品冠編號 62

1.	子宮內膜症	國府田清子著	200 元
2.	子宮肌瘤	黑島淳子著	200 元
3.	上班女性的壓力症候群	池下育子著	200 元
4.	漏尿、尿失禁	中田真木著	200 元
5.	高齡生產	大鷹美子著	200 元
6.	子宮癌	上坊敏子著	200 元
7.	避孕	早乙女智子著	200 元
8.	不孕症	中村春根著	200 元
9.	生理痛與生理不順	堀口雅子著	200 元
10.	更年期	野末悅子著	200 元

・傳統民俗療法・品冠編號 63

1.	神奇刀療法	潘文雄著	200 元
2.	神奇拍打療法	安在峰著	200 元
3.	神奇拔罐療法	安在峰著	200 元
4.	神奇艾灸療法	安在峰著	200 元
5.	神奇貼敷療法	安在峰著	200 元
6.	神奇薰洗療法	安在峰著	200 元
7.	神奇耳穴療法	安在峰著	200 元
8.	神奇指針療法	安在峰著	200 元
9.	神奇藥酒療法	安在峰著	200 元
10.	神奇藥茶療法	安在峰著	200 元
11.	神奇推拿療法	張貴荷著	200 元
12.	神奇止痛療法	漆 浩 著	200 元

・常見病藥膳調養叢書・品冠編號 631

1. 脂肪肝四季飲食 蕭守貴著 200元
2. 高血壓四季飲食 秦玖剛著 200元
3. 慢性腎炎四季飲食 魏從強著 200元
4. 高脂血症四季飲食 薛輝著 200元
5. 慢性胃炎四季飲食 馬秉祥著 200元
6. 糖尿病四季飲食 王耀獻著 200元
7. 癌症四季飲食 李忠著 200元

・彩色圖解保健・品冠編號 64

1. 瘦身 主婦之友社 300元
2. 腰痛 主婦之友社 300元
3. 肩膀痠痛 主婦之友社 300元
4. 腰、膝、腳的疼痛 主婦之友社 300元
5. 壓力、精神疲勞 主婦之友社 300元
6. 眼睛疲勞、視力減退 主婦之友社 300元

・心 想 事 成・品冠編號 65

1. 魔法愛情點心 結城莫拉著 120元
2. 可愛手工飾品 結城莫拉著 120元
3. 可愛打扮 & 髮型 結城莫拉著 120元
4. 撲克牌算命 結城莫拉著 120元

・熱 門 新 知・品冠編號 67

1. 圖解基因與DNA （精） 中原英臣 主編 230元
2. 圖解人體的神奇 （精） 米山公啟 主編 230元
3. 圖解腦與心的構造 （精） 永田和哉 主編 230元
4. 圖解科學的神奇 （精） 鳥海光弘 主編 230元
5. 圖解數學的神奇 （精） 柳 谷 晃 著 250元
6. 圖解基因操作 （精） 海老原充 主編 230元
7. 圖解後基因組 （精） 才園哲人 著 230元

・法律專欄連載・大展編號 58

台大法學院 法律學系／策劃
法律服務社／編著

1. 別讓您的權利睡著了(1) 200元
2. 別讓您的權利睡著了(2) 200元

・武 術 特 輯・大展編號 10

1. 陳式太極拳入門 馮志強編著 180元

2. 武式太極拳	郝少如編著	200 元
3. 練功十八法入門	蕭京凌編著	120 元
4. 教門長拳	蕭京凌編著	150 元
5. 跆拳道	蕭京凌編譯	180 元
6. 正傳合氣道	程曉鈴譯	200 元
~~7. 圖解雙節棍~~	~~陳銘遠著~~	~~150 元~~
8. 格鬥空手道	鄭旭旭編著	200 元
9. 實用跆拳道	陳國榮編著	200 元
10. 武術初學指南	李文英、解守德編著	250 元
11. 泰國拳	陳國榮著	180 元
12. 中國式摔跤	黃　斌編著	180 元
13. 太極劍入門	李德印編著	180 元
14. 太極拳運動	運動司編	250 元
15. 太極拳譜	清・王宗岳等著	280 元
16. 散手初學	冷　峰編著	200 元
17. 南拳	朱瑞琪編著	180 元
18. 吳式太極劍	王培生著	200 元
19. 太極拳健身與技擊	王培生著	250 元
20. 秘傳武當八卦掌	狄兆龍著	250 元
21. 太極拳論譚	沈　壽著	250 元
22. 陳式太極拳技擊法	馬　虹著	250 元
23. 三十四式/三十二式太極拳/劍	闞桂香著	180 元
24. 楊式秘傳 129 式太極長拳	張楚全著	280 元
25. 楊式太極拳架詳解	林炳堯著	280 元
26. 華佗五禽劍	劉時榮著	180 元
27. 太極拳基礎講座：基本功與簡化 24 式	李德印著	250 元
28. 武式太極拳精華	薛乃印著	200 元
29. 陳式太極拳拳理闡微	馬　虹著	350 元
30. 陳式太極拳體用全書	馬　虹著	400 元
31. 張三豐太極拳	陳占奎著	200 元
32. 中國太極推手	張　山主編	300 元
33. 48 式太極拳入門	門惠豐編著	220 元
34. 太極拳奇人奇功	嚴翰秀編著	250 元
35. 心意門秘籍	李新民編著	220 元
36. 三才門乾坤戊己功	王培生編著	220 元
37. 武式太極劍精華 +VCD	薛乃印編著	350 元
38. 楊式太極拳	傅鐘文演述	200 元
39. 陳式太極拳、劍 36 式	闞桂香編著	250 元
40. 正宗武式太極拳	薛乃印著	220 元
41. 杜元化＜太極拳正宗＞考析	王海洲等著	300 元
42. ＜珍貴版＞陳式太極拳	沈家楨著	280 元
43. 24 式太極拳＋VCD	中國國家體育總局著	350 元
44. 太極推手絕技	安在峰編著	250 元
45. 孫祿堂武學錄	孫祿堂著	300 元

46.	＜珍貴本＞陳式太極拳精選	馮志強著	280 元
47.	武當趙保太極拳小架	鄭悟清傳授	250 元
48.	太極拳習練知識問答	邱丕相主編	220 元
49.	八法拳 八法槍	武世俊著	220 元
50.	地趟拳＋VCD	張憲政著	350 元
51.	四十八式太極拳＋VCD	楊　靜演示	400 元
52.	三十二式太極劍＋VCD	楊　靜演示	350 元
53.	隨曲就伸 中國太極拳名家對話錄	余功保著	300 元
54.	陳式太極拳五動八法十三勢	鬫桂香著	200 元

・彩色圖解太極武術・大展編號 102

1.	太極功夫扇	李德印編著	220 元
2.	武當太極劍	李德印編著	220 元
3.	楊式太極劍	李德印編著	220 元
4.	楊式太極刀	王志遠著	220 元
5.	二十四式太極拳（楊式）＋VCD	李德印編著	350 元
6.	三十二式太極劍（楊式）＋VCD	李德印編著	350 元
7.	四十二式太極劍＋VCD	李德印編著	
8.	四十二式太極拳＋VCD	李德印編著	

・國際武術競賽套路・大展編號 103

1.	長拳	李巧玲執筆	220 元
2.	劍術	程慧琨執筆	220 元
3.	刀術	劉同為執筆	220 元
4.	槍術	張躍寧執筆	220 元
5.	棍術	殷玉柱執筆	220 元

・簡化太極拳・大展編號 104

1.	陳式太極拳十三式	陳正雷編著	200 元
2.	楊式太極拳十三式	楊振鐸編著	200 元
3.	吳式太極拳十三式	李秉慈編著	200 元
4.	武式太極拳十三式	喬松茂編著	200 元
5.	孫式太極拳十三式	孫劍雲編著	200 元
6.	趙堡式太極拳十三式	王海洲編著	200 元

・中國當代太極拳名家名著・大展編號 106

1.	太極拳規範教程	李德印著	550 元
2.	吳式太極拳詮真	王培生著	500 元
3.	武式太極拳詮真	喬松茂著	

・名師出高徒・大展編號 111

1. 武術基本功與基本動作　劉玉萍編著　200 元
2. 長拳入門與精進　吳彬等著　220 元
3. 劍術刀術入門與精進　楊柏龍等著　220 元
4. 棍術、槍術入門與精進　邱丕相編著　220 元
5. 南拳入門與精進　朱瑞琪編著　220 元
6. 散手入門與精進　張山等著　220 元
7. 太極拳入門與精進　李德印編著　280 元
8. 太極推手入門與精進　田金龍編著　220 元

・實用武術技擊・大展編號 112

1. 實用自衛拳法　溫佐惠著　250 元
2. 搏擊術精選　陳清山等著　220 元
3. 秘傳防身絕技　程崑彬著　230 元
4. 振藩截拳道入門　陳琦平著　220 元
5. 實用擒拿法　韓建中著　220 元
6. 擒拿反擒拿 88 法　韓建中著　250 元
7. 武當秘門技擊術入門篇　高翔著　250 元
8. 武當秘門技擊術絕技篇　高翔著　250 元

・中國武術規定套路・大展編號 113

1. 螳螂拳　中國武術系列　300 元
2. 劈掛拳　規定套路編寫組　300 元
3. 八極拳　國家體育總局　250 元

・中華傳統武術・大展編號 114

1. 中華古今兵械圖考　裴錫榮主編　280 元
2. 武當劍　陳湘陵編著　200 元
3. 梁派八卦掌（老八掌）　李子鳴遺著　220 元
4. 少林 72 藝與武當 36 功　裴錫榮主編　230 元
5. 三十六把擒拿　佐藤金兵衛主編　200 元
6. 武當太極拳與盤手 20 法　裴錫榮主編　220 元

・少 林 功 夫・大展編號 115

1. 少林打擂秘訣　德虔、素法編著　300 元
2. 少林三大名拳 炮拳、大洪拳、六合拳　門惠豐等著　200 元
3. 少林三絕 氣功、點穴、擒拿　德虔編著　300 元
4. 少林怪兵器秘傳　素法等著　250 元
5. 少林護身暗器秘傳　素法等著　220 元

6. 少林金剛硬氣功 楊維編著 250 元
7. 少林棍法大全 德虔、素法編著 250 元
8. 少林看家拳 德虔、素法編著 250 元
9. 少林正宗七十二藝 德虔、素法編著 280 元
10. 少林瘋魔棍闡宗 馬德著 250 元

・原地太極拳系列・大展編號 11

1. 原地綜合太極拳 24 式 胡啟賢創編 220 元
2. 原地活步太極拳 42 式 胡啟賢創編 200 元
3. 原地簡化太極拳 24 式 胡啟賢創編 200 元
4. 原地太極拳 12 式 胡啟賢創編 200 元
5. 原地青少年太極拳 22 式 胡啟賢創編 220 元

・道學文化・大展編號 12

1. 道在養生：道教長壽術 郝勤等著 250 元
2. 龍虎丹道：道教內丹術 郝勤著 300 元
3. 天上人間：道教神仙譜系 黃德海著 250 元
4. 步罡踏斗：道教祭禮儀典 張澤洪著 250 元
5. 道醫窺秘：道教醫學康復術 王慶餘等著 250 元
6. 勸善成仙：道教生命倫理 李剛著 250 元
7. 洞天福地：道教宮觀勝境 沙銘壽著 250 元
8. 青詞碧簫：道教文學藝術 楊光文等著 250 元
9. 沈博絕麗：道教格言精粹 朱耕發等著 250 元

・易學智慧・大展編號 122

1. 易學與管理 余敦康主編 250 元
2. 易學與養生 劉長林等著 300 元
3. 易學與美學 劉綱紀等著 300 元
4. 易學與科技 董光壁著 280 元
5. 易學與建築 韓增祿著 280 元
6. 易學源流 鄭萬耕著 280 元
7. 易學的思維 傅雲龍等著 250 元
8. 周易與易圖 李申著 250 元
9. 中國佛教與周易 王仲堯著 350 元
10. 易學與儒學 任俊華著 350 元
11. 易學與道教符號揭秘 詹石窗著 350 元

・神算大師・大展編號 123

1. 劉伯溫神算兵法 應涵編著 280 元
2. 姜太公神算兵法 應涵編著 280 元

3.	鬼谷子神算兵法	應涵編著	280 元
4.	諸葛亮神算兵法	應涵編著	280 元

・秘傳占卜系列・大展編號 14

1.	手相術	淺野八郎著	180 元
2.	人相術	淺野八郎著	180 元
3.	西洋占星術	淺野八郎著	180 元
4.	中國神奇占卜	淺野八郎著	150 元
5.	夢判斷	淺野八郎著	150 元
6.	前世、來世占卜	淺野八郎著	150 元
7.	法國式血型學	淺野八郎著	150 元
8.	靈感、符咒學	淺野八郎著	150 元
9.	紙牌占卜術	淺野八郎著	150 元
10.	ESP 超能力占卜	淺野八郎著	150 元
11.	猶太數的秘術	淺野八郎著	150 元
12.	新心理測驗	淺野八郎著	160 元
13.	塔羅牌預言秘法	淺野八郎著	200 元

・趣味心理講座・大展編號 15

1.	性格測驗（1） 探索男與女	淺野八郎著	140 元
2.	性格測驗（2） 透視人心奧秘	淺野八郎著	140 元
3.	性格測驗（3） 發現陌生的自己	淺野八郎著	140 元
4.	性格測驗（4） 發現你的真面目	淺野八郎著	140 元
5.	性格測驗（5） 讓你們吃驚	淺野八郎著	140 元
6.	性格測驗（6） 洞穿心理盲點	淺野八郎著	140 元
7.	性格測驗（7） 探索對方心理	淺野八郎著	140 元
8.	性格測驗（8） 由吃認識自己	淺野八郎著	160 元
9.	性格測驗（9） 戀愛知多少	淺野八郎著	160 元
10.	性格測驗（10）由裝扮瞭解人心	淺野八郎著	160 元
11.	性格測驗（11）敲開內心玄機	淺野八郎著	140 元
12.	性格測驗（12）透視你的未來	淺野八郎著	160 元
13.	血型與你的一生	淺野八郎著	160 元
14.	趣味推理遊戲	淺野八郎著	160 元
15.	行為語言解析	淺野八郎著	160 元

・婦 幼 天 地・大展編號 16

1.	八萬人減肥成果	黃靜香譯	180 元
2.	三分鐘減肥體操	楊鴻儒譯	150 元
3.	窈窕淑女美髮秘訣	柯素娥譯	130 元
4.	使妳更迷人	成　玉譯	130 元
5.	女性的更年期	官舒妍編譯	160 元

6. 胎內育兒法	李玉瓊編譯	150元
7. 早產兒袋鼠式護理	唐岱蘭譯	200元
9. 初次育兒12個月	婦幼天地編譯組	180元
10. 斷乳食與幼兒食	婦幼天地編譯組	180元
11. 培養幼兒能力與性向	婦幼天地編譯組	180元
12. 培養幼兒創造力的玩具與遊戲	婦幼天地編譯組	180元
13. 幼兒的症狀與疾病	婦幼天地編譯組	180元
14. 腿部苗條健美法	婦幼天地編譯組	180元
15. 女性腰痛別忽視	婦幼天地編譯組	150元
16. 舒展身心體操術	李玉瓊編譯	130元
17. 三分鐘臉部體操	趙薇妮著	160元
18. 生動的笑容表情術	趙薇妮著	160元
19. 心曠神怡減肥法	川津祐介著	130元
20. 內衣使妳更美麗	陳玄茹譯	130元
21. 瑜伽美姿美容	黃靜香編著	180元
22. 高雅女性裝扮學	陳珮玲譯	180元
23. 蠶糞肌膚美顏法	梨秀子著	160元
24. 認識妳的身體	李玉瓊譯	160元
25. 產後恢復苗條體態	居理安・芙萊喬著	200元
26. 正確護髮美容法	山崎伊久江著	180元
27. 安琪拉美姿養生學	安琪拉蘭斯博瑞著	180元
28. 女體性醫學剖析	增田豐著	220元
29. 懷孕與生產剖析	岡部綾子著	180元
30. 斷奶後的健康育兒	東城百合子著	220元
31. 引出孩子幹勁的責罵藝術	多湖輝著	170元
32. 培養孩子獨立的藝術	多湖輝著	170元
33. 子宮肌瘤與卵巢囊腫	陳秀琳編著	180元
34. 下半身減肥法	納他夏・史達賓著	180元
35. 女性自然美容法	吳雅菁編著	180元
36. 再也不發胖	池園悅太郎著	170元
37. 生男生女控制術	中垣勝裕著	220元
38. 使妳的肌膚更亮麗	楊　皓編著	170元
39. 臉部輪廓變美	芝崎義夫著	180元
40. 斑點、皺紋自己治療	高須克彌著	180元
41. 面皰自己治療	伊藤雄康著	180元
42. 隨心所欲瘦身冥想法	原久子著	180元
43. 胎兒革命	鈴木丈織著	180元
44. NS磁氣平衡法塑造窈窕奇蹟	古屋和江著	180元
45. 享瘦從腳開始	山田陽子著	180元
46. 小改變瘦4公斤	宮本裕子著	180元
47. 軟管減肥瘦身	高橋輝男著	180元
48. 海藻精神秘美容法	劉名揚編著	180元
49. 肌膚保養與脫毛	鈴木真理著	180元
50. 10天減肥3公斤	彤雲編輯組	180元

51. 穿出自己的品味	西村玲子著	280 元
52. 小孩髮型設計	李芳黛譯	250 元

·青 春 天 地· 大展編號 17

1. A 血型與星座	柯素娥編譯	160 元
2. B 血型與星座	柯素娥編譯	160 元
3. O 血型與星座	柯素娥編譯	160 元
4. AB 血型與星座	柯素娥編譯	120 元
5. 青春期性教室	呂貴嵐編譯	130 元
9. 小論文寫作秘訣	林顯茂編譯	120 元
11. 中學生野外遊戲	熊谷康編著	120 元
12. 恐怖極短篇	柯素娥編譯	130 元
13. 恐怖夜話	小毛驢編譯	130 元
14. 恐怖幽默短篇	小毛驢編譯	120 元
15. 黑色幽默短篇	小毛驢編譯	120 元
16. 靈異怪談	小毛驢編譯	130 元
17. 錯覺遊戲	小毛驢編著	130 元
18. 整人遊戲	小毛驢編著	150 元
19. 有趣的超常識	柯素娥編譯	130 元
20. 哦！原來如此	林慶旺編譯	130 元
21. 趣味競賽 100 種	劉名揚編譯	120 元
22. 數學謎題入門	宋釗宜編譯	150 元
23. 數學謎題解析	宋釗宜編譯	150 元
24. 透視男女心理	林慶旺編譯	120 元
25. 少女情懷的自白	李桂蘭編譯	120 元
26. 由兄弟姊妹看命運	李玉瓊編譯	130 元
27. 趣味的科學魔術	林慶旺編譯	150 元
28. 趣味的心理實驗室	李燕玲編譯	150 元
29. 愛與性心理測驗	小毛驢編譯	130 元
30. 刑案推理解謎	小毛驢編譯	180 元
31. 偵探常識推理	小毛驢編譯	180 元
32. 偵探常識解謎	小毛驢編譯	130 元
33. 偵探推理遊戲	小毛驢編譯	180 元
34. 趣味的超魔術	廖玉山編著	150 元
35. 趣味的珍奇發明	柯素娥編著	150 元
36. 登山用具與技巧	陳瑞菊編著	150 元
37. 性的漫談	蘇燕謀編著	180 元
38. 無的漫談	蘇燕謀編著	180 元
39. 黑色漫談	蘇燕謀編著	180 元
40. 白色漫談	蘇燕謀編著	180 元

·健 康 天 地· 大展編號 18

1. 壓力的預防與治療	柯素娥編譯	130元
2. 超科學氣的魔力	柯素娥編譯	130元
3. 尿療法治病的神奇	中尾良一著	130元
4. 鐵證如山的尿療法奇蹟	廖玉山譯	120元
5. 一日斷食健康法	葉慈容編譯	150元
6. 胃部強健法	陳炳崑譯	120元
7. 癌症早期檢查法	廖松濤譯	160元
8. 老人痴呆症防止法	柯素娥編譯	170元
9. 松葉汁健康飲料	陳麗芬編譯	150元
10. 揉肚臍健康法	永井秋夫著	150元
11. 過勞死、猝死的預防	卓秀貞編譯	130元
12. 高血壓治療與飲食	藤山順豐著	180元
13. 老人看護指南	柯素娥編譯	150元
14. 美容外科淺談	楊啟宏著	150元
15. 美容外科新境界	楊啟宏著	150元
16. 鹽是天然的醫生	西英司郎著	140元
17. 年輕十歲不是夢	梁瑞麟譯	200元
18. 茶料理治百病	桑野和民著	180元
20. 杜仲茶養顏減肥法	西田博著	170元
21. 蜂膠驚人療效	瀨長良三郎著	180元
22. 蜂膠治百病	瀨長良三郎著	180元
23. 醫藥與生活	鄭炳全著	180元
24. 鈣長生寶典	落合敏著	180元
25. 大蒜長生寶典	木下繁太郎著	160元
26. 居家自我健康檢查	石川恭三著	160元
27. 永恆的健康人生	李秀鈴譯	200元
28. 大豆卵磷脂長生寶典	劉雪卿譯	150元
29. 芳香療法	梁艾琳譯	160元
30. 醋長生寶典	柯素娥譯	180元
31. 從星座透視健康	席拉・吉蒂斯著	180元
32. 愉悅自在保健學	野本二士夫著	160元
33. 裸睡健康法	丸山淳士等著	160元
35. 維他命長生寶典	菅原明子著	180元
36. 維他命C新效果	鐘文訓編	150元
37. 手、腳病理按摩	堤芳朗著	160元
38. AIDS瞭解與預防	彼得塔歇爾著	180元
39. 甲殼質殼聚糖健康法	沈永嘉譯	160元
40. 神經痛預防與治療	木下真男著	160元
41. 室內身體鍛鍊法	陳炳崑編著	160元
42. 吃出健康藥膳	劉大器編著	180元
43. 自我指壓術	蘇燕謀編著	160元
44. 紅蘿蔔汁斷食療法	李玉瓊編著	150元
45. 洗心術健康秘法	竺翠萍編譯	170元
46. 枇杷葉健康療法	柯素娥編譯	180元

47. 抗衰血癒　楊啟宏著　180元
48. 與癌搏鬥記　逸見政孝著　180元
49. 冬蟲夏草長生寶典　高橋義博著　170元
50. 痔瘡・大腸疾病先端療法　宮島伸宜著　180元
51. 膠布治癒頑固慢性病　加瀨建造著　180元
52. 芝麻神奇健康法　小林貞作著　170元
53. 香煙能防止癡呆？　高田明和著　180元
54. 穀菜食治癌療法　佐藤成志著　180元
55. 貼藥健康法　松原英多著　180元
56. 克服癌症調和道呼吸法　帶津良一著　180元
57. B型肝炎預防與治療　野村喜重郎著　180元
58. 青春永駐養生導引術　早島正雄著　180元
59. 改變呼吸法創造健康　原久子著　180元
60. 荷爾蒙平衡養生秘訣　出村博著　180元
61. 水美肌健康法　井戶勝富著　170元
62. 認識食物掌握健康　廖梅珠編著　170元
63. 痛風劇痛消除法　鈴木吉彥著　180元
64. 酸莖菌驚人療效　上田明彥著　180元
65. 大豆卵磷脂治現代病　神津健一著　200元
66. 時辰療法—危險時刻凌晨4時　呂建強等著　180元
67. 自然治癒力提升法　帶津良一著　180元
68. 巧妙的氣保健法　藤平墨子著　180元
69. 治癒C型肝炎　熊田博光著　180元
70. 肝臟病預防與治療　劉名揚編著　180元
71. 腰痛平衡療法　荒井政信著　180元
72. 根治多汗症、狐臭　稻葉益巳著　220元
73. 40歲以後的骨質疏鬆症　沈永嘉譯　180元
74. 認識中藥　松下一成著　180元
75. 認識氣的科學　佐佐木茂美著　180元
76. 我戰勝了癌症　安田伸著　180元
77. 斑點是身心的危險信號　中野進著　180元
78. 艾波拉病毒大震撼　玉川重德著　180元
79. 重新還我黑髮　桑名隆一郎著　180元
80. 身體節律與健康　林博史著　180元
81. 生薑治萬病　石原結實著　180元
83. 木炭驚人的威力　大槻彰著　200元
84. 認識活性氧　井土貴司著　180元
85. 深海鮫治百病　廖玉山編著　180元
86. 神奇的蜂王乳　井上丹治著　180元
87. 卡拉OK健腦法　東潔著　180元
88. 卡拉OK健康法　福田伴男著　180元
89. 醫藥與生活　鄭炳全著　200元
90. 洋蔥治百病　宮尾興平著　180元
91. 年輕10歲快步健康法　石塚忠雄著　180元

92. 石榴的驚人神效　岡本順子著　180 元
93. 飲料健康法　白鳥早奈英著　180 元
94. 健康棒體操　劉名揚編譯　180 元
95. 催眠健康法　蕭京凌編著　180 元
96. 鬱金（美王）治百病　水野修一著　180 元
97. 醫藥與生活　鄭炳全著　200 元

·實用女性學講座·大展編號 19

1. 解讀女性內心世界　島田一男著　150 元
2. 塑造成熟的女性　島田一男著　150 元
3. 女性整體裝扮學　黃靜香編著　180 元
4. 女性應對禮儀　黃靜香編著　180 元
5. 女性婚前必修　小野十傳著　200 元
6. 徹底瞭解女人　田口二州著　180 元
7. 拆穿女性謊言 88 招　島田一男著　200 元
8. 解讀女人心　島田一男著　200 元
9. 俘獲女性絕招　志賀貢著　200 元
10. 愛情的壓力解套　中村理英子著　200 元
11. 妳是人見人愛的女孩　廖松濤編著　200 元

·校 園 系 列·大展編號 20

1. 讀書集中術　多湖輝著　180 元
2. 應考的訣竅　多湖輝著　150 元
3. 輕鬆讀書贏得聯考　多湖輝著　180 元
4. 讀書記憶秘訣　多湖輝著　180 元
5. 視力恢復！超速讀術　江錦雲譯　180 元
6. 讀書 36 計　黃柏松編著　180 元
7. 驚人的速讀術　鐘文訓編著　170 元
8. 學生課業輔導良方　多湖輝著　180 元
9. 超速讀超記憶法　廖松濤編著　180 元
10. 速算解題技巧　宋釗宜編著　200 元
11. 看圖學英文　陳炳崑編著　200 元
12. 讓孩子最喜歡數學　沈永嘉譯　180 元
13. 催眠記憶術　林碧清譯　180 元
14. 催眠速讀術　林碧清譯　180 元
15. 數學式思考學習法　劉淑錦譯　200 元
16. 考試憑要領　劉孝暉著　180 元
17. 事半功倍讀書法　王毅希著　200 元
18. 超金榜題名術　陳蒼杰譯　200 元
19. 靈活記憶術　林耀慶編著　180 元
20. 數學增強要領　江修楨編著　180 元
21. 使頭腦靈活的數學　逢澤明著　200 元

22. 難解數學破題	宋釗宜著	200元

・實用心理學講座・大展編號21

1. 拆穿欺騙伎倆	多湖輝著	140元
2. 創造好構想	多湖輝著	140元
3. 面對面心理術	多湖輝著	160元
4. 偽裝心理術	多湖輝著	140元
5. 透視人性弱點	多湖輝著	180元
6. 自我表現術	多湖輝著	180元
7. 不可思議的人性心理	多湖輝著	180元
8. 催眠術入門	多湖輝著	150元
9. 責罵部屬的藝術	多湖輝著	150元
10. 精神力	多湖輝著	150元
11. 厚黑說服術	多湖輝著	150元
12. 集中力	多湖輝著	150元
13. 構想力	多湖輝著	150元
14. 深層心理術	多湖輝著	160元
15. 深層語言術	多湖輝著	160元
16. 深層說服術	多湖輝著	180元
17. 掌握潛在心理	多湖輝著	160元
18. 洞悉心理陷阱	多湖輝著	180元
19. 解讀金錢心理	多湖輝著	180元
20. 拆穿語言圈套	多湖輝著	180元
21. 語言的內心玄機	多湖輝著	180元
22. 積極力	多湖輝著	180元

・超現實心靈講座・大展編號22

1. 超意識覺醒法	詹蔚芬編譯	130元
2. 護摩秘法與人生	劉名揚編譯	130元
3. 秘法！超級仙術入門	陸明譯	150元
4. 給地球人的訊息	柯素娥編著	150元
5. 密教的神通力	劉名揚編著	130元
6. 神秘奇妙的世界	平川陽一著	200元
7. 地球文明的超革命	吳秋嬌譯	200元
8. 力量石的秘密	吳秋嬌譯	180元
9. 超能力的靈異世界	馬小莉譯	200元
10. 逃離地球毀滅的命運	吳秋嬌譯	200元
11. 宇宙與地球終結之謎	南山宏著	200元
12. 驚世奇功揭秘	傅起鳳著	200元
13. 啟發身心潛力心象訓練法	栗田昌裕著	180元
14. 仙道術遁甲法	高藤聰一郎著	220元
15. 神通力的秘密	中岡俊哉著	180元

16. 仙人成仙術　高藤聰一郎著　200 元
17. 仙道符咒氣功法　高藤聰一郎著　220 元
18. 仙道風水術尋龍法　高藤聰一郎著　200 元
19. 仙道奇蹟超幻像　高藤聰一郎著　200 元
20. 仙道鍊金術房中法　高藤聰一郎著　200 元
21. 奇蹟超醫療治癒難病　深野一幸著　220 元
22. 揭開月球的神秘力量　超科學研究會　180 元
23. 西藏密教奧義　高藤聰一郎著　250 元
24. 改變你的夢術入門　高藤聰一郎著　250 元
25. 21 世紀拯救地球超技術　深野一幸著　250 元

・養　生　保　健・大展編號 23

1. 醫療養生氣功　黃孝寬著　250 元
2. 中國氣功圖譜　余功保著　250 元
3. 少林醫療氣功精粹　井玉蘭著　250 元
4. 龍形實用氣功　吳大才等著　220 元
5. 魚戲增視強身氣功　宮　嬰著　220 元
6. 嚴新氣功　前新培金著　250 元
7. 道家玄牝氣功　張　章著　200 元
8. 仙家秘傳袪病功　李遠國著　160 元
9. 少林十大健身功　秦慶豐著　180 元
10. 中國自控氣功　張明武著　250 元
11. 醫療防癌氣功　黃孝寬著　250 元
12. 醫療強身氣功　黃孝寬著　250 元
13. 醫療點穴氣功　黃孝寬著　250 元
14. 中國八卦如意功　趙維漢著　180 元
15. 正宗馬禮堂養氣功　馬禮堂著　420 元
16. 秘傳道家筋經內丹功　王慶餘著　300 元
17. 三元開慧功　辛桂林著　250 元
18. 防癌治癌新氣功　郭　林著　180 元
19. 禪定與佛家氣功修煉　劉天君著　200 元
20. 顛倒之術　梅自強著　360 元
21. 簡明氣功辭典　吳家駿編　360 元
22. 八卦三合功　張全亮著　230 元
23. 朱砂掌健身養生功　楊永著　250 元
24. 抗老功　陳九鶴著　230 元
25. 意氣按穴排濁自療法　黃啟運編著　250 元
26. 陳式太極拳養生功　陳正雷著　200 元
27. 健身祛病小功法　王培生著　200 元
28. 張式太極混元功　張春銘著　250 元
29. 中國璇密功　羅琴編著　250 元
30. 中國少林禪密功　齊飛龍著　200 元
31. 郭林新氣功　郭林新氣功研究所　400 元

32. 太極 八卦之源與健身養生 鄭志鴻等著 280元

・社會人智囊・大展編號 24

1.	糾紛談判術	清水增三著	160元
2.	創造關鍵術	淺野八郎著	150元
3.	觀人術	淺野八郎著	200元
4.	應急詭辯術	廖英迪編著	160元
5.	天才家學習術	木原武一著	160元
6.	貓型狗式鑑人術	淺野八郎著	180元
7.	逆轉運掌握術	淺野八郎著	180元
8.	人際圓融術	澀谷昌三著	160元
9.	解讀人心術	淺野八郎著	180元
10.	與上司水乳交融術	秋元隆司著	180元
11.	男女心態定律	小田晉著	180元
12.	幽默說話術	林振輝編著	200元
13.	人能信賴幾分	淺野八郎著	180元
14.	我一定能成功	李玉瓊譯	180元
15.	獻給青年的嘉言	陳蒼杰譯	180元
16.	知人、知面、知其心	林振輝編著	180元
17.	塑造堅強的個性	坂上肇著	180元
18.	為自己而活	佐藤綾子著	180元
19.	未來十年與愉快生活有約	船井幸雄著	180元
20.	超級銷售話術	杜秀卿譯	180元
21.	感性培育術	黃靜香編著	180元
22.	公司新鮮人的禮儀規範	蔡媛惠譯	180元
23.	傑出職員鍛鍊術	佐佐木正著	180元
24.	面談獲勝戰略	李芳黛譯	180元
25.	金玉良言撼人心	森純大著	180元
26.	男女幽默趣典	劉華亭編著	180元
27.	機智說話術	劉華亭編著	180元
28.	心理諮商室	柯素娥譯	180元
29.	如何在公司崢嶸頭角	佐佐木正著	180元
30.	機智應對術	李玉瓊編著	200元
31.	克服低潮良方	坂野雄二著	180元
32.	智慧型說話技巧	沈永嘉編著	180元
33.	記憶力、集中力增進術	廖松濤編著	180元
34.	女職員培育術	林慶旺編著	180元
35.	自我介紹與社交禮儀	柯素娥編著	180元
36.	積極生活創幸福	田中真澄著	180元
37.	妙點子超構想	多湖輝著	180元
38.	說 NO 的技巧	廖玉山編著	180元
39.	一流說服力	李玉瓊編著	180元
40.	般若心經成功哲學	陳鴻蘭編著	180元

國家圖書館出版品預行編目資料

『三國志』給現代人的啟示／陳羲編著
－初版－臺北市，大展，民 93
面；21 公分－（鑑往知來；1）
ISBN 957-468-298-6（平裝）
1. 三國志－研究與考訂　2. 修身
192.1　93004159

（鑑往知來 1）
『三國志』給現代人的啟示　ISBN 957-468-298-6

主　　編／陳　　羲
發 行 人／蔡　森　明
出 版 者／大展出版社有限公司
社　　址／台北市北投區（石牌）致遠一路 2 段 12 巷 1 號
電　　話／(02) 28236031・28236033・28233123
傳　　真／(02) 28272069
郵政劃撥／01669551
網　　址／www.dah-jaan.com.tw
E-mail／service@dah-jaan.com.tw
登 記 證／局版臺業字第 2171 號
承 印 者／國順文具印刷行
裝　　訂／協億印製廠股份有限公司
排 版 者／千兵企業有限公司
初版 1 刷／2004 年（民 93 年）　6 月

定　價／220 元